Meine vier Leben

Mina Gampel

Über die Autorin:

Ein Leben voller Mut, Wandel und Zuversicht, aber auch voll schwerer Entscheidungen und Zeiten der Trauer.

Mit großer Offenheit berichtet die jüdische Künstlerin und Autorin Mina Gampel in ihrer Autobiografie „Meine vier Leben – Weißrussland, Polen, Israel und Deutschland“ über die Höhen und Tiefen ihres außergewöhnlichen Lebens als Überlebende der Shoa.

Meine vier Leben

Weißrussland, Polen, Israel und Deutschland

Mina Gampel

Originalausgabe

Schriftenreihe Stuttgarter Lehrhaus,
Stiftung für interreligiösen Dialog
Ehrenhalde 5, 70192 Stuttgart
www.stuttgarter-lehrhaus.de

Stuttgarter Lehrhaus
STIFTUNG FÜR INTERRELIGIÖSEN DIALOG

Autorin: Mina Gampel, Stuttgart
Buchsatz & Covergestaltung: Wolfgang Schütte
Korrektorat: Petra Seitzmayer
Koordination: Karl-Hermann Blickle, Matthias Neumann
Druck: Alfred Nordmann, Israel

Printed in Israel
ISBN: 978-3-00-059646-9

Inhalt

Suchet immer nach dem, was gut ist in euch.
Richtet eure ganze Aufmerksamkeit auf dieses Gute.
Holt es ans Licht.
So wird aus Verzagtheit Lebensfreude.

– Rabbi Nachman von Brazlaw

Vorwort

Positives und Negatives zieht sich durch jedes Leben, mit Gutem und oft auch Bösem müssen wir leben. Mina Gampel, die Verfasserin dieses Buches, hat sehr viel, überviel, von allem erlebt und auch durchgemacht. In der NS-Zeit in eine jüdische Familie geboren zu werden, war bereits der größte Makel und das Überleben für diese Menschen jahrelang mit großer Angst verbunden, das tödliche Ende lauerte täglich vor der Tür.

1939 überfiel die Deutsche Wehrmacht und die SS Polen und 1941 die Sowjetunion, der 2. Weltkrieg brachte Unheil über Europa, und Mina wurde in dieser Zeit geboren. Das achte Kind war sie. Die Familie Juszkiewicz floh aus dem polnischen Schtetl mit den acht Kindern weiter in den Osten, in das asiatische Gebiet der Sowjetunion nach Samarkand und Kirgisien. Ein Nomadenleben, immer auf der Flucht vor den Nazis, mitten im 2. Weltkrieg.

1945, nach Ende des Krieges, kam die Familie in Stettin/Szczecin an der Oder in der Woiwodschaft Westpommern, im neugegründeten Polen an. Eine schöne Jugend verlebte Mina dort, heiratete jung und durfte 1957 mit Ehemann nach Israel auswandern. Immer wieder musste Mina ein neues Leben beginnen, einen neuen Kulturkreis verstehen und auch eine neue Sprache erlernen und ums Überleben kämpfen. Ihre Zeit in Israel möchte sie nicht missen, hat ihren Kindern dort ein gutes Zuhause geben können, erzählt sie. 1967 dann verließ sie mit Mann und Kindern Israel, ging nach Südwestdeutschland, auf die Schwäbische Alb, dann weiter nach Stuttgart, in eine ungewisse Zukunft. Ein Leben mit vielen Hürden und vielem aussichtslosem Geschehen folgten über Jahre, doch Mina schaffte es wieder aufzustehen, so verzagt sie auch war und behielt den Lebensmut bis heute.

Eine künstlerische Ausbildung begann sie an Kunstakademien in Esslingen und Trier, nach dem Abschluss des Studiums erfüllte sie sich endlich einen Traum: sie wollte eine echte Künstlerin werden und wurde es. Ihre Wissbegier ist grenzenlos, ihre Neugier auf Interessantes kaum zu fassen. Ihr Wissen um die Kunst, über das Malen, gibt sie mit großem Engagement an junge interessierte Schüler und Studenten weiter.

Mina Gampel, die Umtriebige, die sich vor Nichts scheut, die eine Vergangenheit hat, die einem den Atem verschlägt, hat ihr Leben aufgeschrieben. Ein Buch über die Zeit der Judenverfolgung in der NS Zeit ist es geworden, über das persönliche Leben der Künstlerin und ihrer großen Familie, die letztlich in die ganze Welt verstreut lebt, erzählt sie uns.

Die Autorin und Künstlerin ist voller Leben, voller künstlerischer Inspiration. Die jüdische Seele ist ihr Zuhause, der jüdische Glaube ist ihr wichtig. Mit ihrer Malerei möchte sie Menschen glücklich machen und sie zum Strahlen bringen. Mit ihren aufgeschriebenen Erinnerungen kann sie auch nachdenklich stimmen.

Christel Wollmann-Fiedler
Fotografin – Journalistin
Berlin im Februar 2018

Einleitung

Es war an einem herrlichen Tag im November. Die Sonne schien warm, die Bäume waren goldgelb und ich begann damit, mein Leben niederzuschreiben.

Mein Leben war sehr stürmisch. Es war und ist bis in die Gegenwart häufig wie ein Gewitter. Da donnert, blitzt und regnet es in Strömen. Irgendwann aber, wenn ich manchmal schon fast nicht mehr daran zu glauben wage, scheint wieder die Sonne und die Luft ist frisch. Ein neuer Tag, ein neuer Anfang. Manchmal denke ich, ich habe mehr heftige Gewitter überstanden als andere Menschen. Ich habe in meinem Leben nicht immer das Heft des Handelns in der Hand gehabt. Doch wer hat das schon? Wir werden geleitet, von wem auch immer, und wir werden herausgefordert, das Beste aus dem zu machen, was uns gegeben, auferlegt und geschenkt wurde. Wenn ein Leben aus einer Aneinanderreihung von Problemen bestand, dann wohl meines. Und doch, es gibt nur sehr weniges, was ich wirklich bereue, und für vieles fanden sich im Laufe der Zeit Lösungen. Wenn ich so nachdenke und ehrlich zu mir selbst bin, muss ich sagen: Ein Leben ohne Probleme wäre mir wohl zu langweilig gewesen.

Das Licht der Welt erblickte ich am 14. August 1940 in einer jüdischen Familie. Ich war das achte Kind. Wir waren sehr arm wie die meisten jüdischen Familien in Pinsk. Mein Vater Mosche Juszkiewicz war mal Schuster, mal Fischer. Er machte alles, um die Familie zu versorgen. Meine Mutter Chasche-Lea, geborene Furman, verkaufte am Flussufer in Pinsk Essen. Sie sorgten beide nach Kräften dafür, dass es uns Kindern gut ging. Was meine Eltern uns vor allem jeden Tag gaben, war Liebe, und die kostet nichts und ist doch das Kostbarste.

Ich habe kaum Erinnerungen an meine frühe Kindheit. Was ich darüber schreibe, basiert auf Erzählungen meiner Eltern, Brüder und Schwestern nach dem Krieg.

Beim Einmarsch der Deutschen in die Sowjetunion war ich nicht einmal ein Jahr alt. Als meiner Familie die Gefahr klar wurde, in der wir nun schwebten, entstand Panik. Später erzählte man, meine Mutter habe bei der Flucht nicht einmal Windeln für mich mitgenommen, geschweige denn andere Sachen. Niemand konnte sich vorstellen, was uns bevorstehen würde, aber dass wir wegmussten, stand außer Frage.

Unsere Flucht war sehr dramatisch. Voller Angst bestieg meine Familie ein kleines Boot, in dem mein Vater früher Fische gefangen hatte. Wir hatten ein Riesenglück, dass uns die Bomben nicht trafen. Und wir konnten froh sein, dass wir mit dem undichten Kahn nicht abgesoffen sind. Meine älteren Geschwister mussten ständig das Wasser aus dem Boot schöpfen, damit wir nicht alle untergingen.

Wir hatten Glück im Unglück. Ein Schiff nahm uns ins Schlepptau. Meine älteste Schwester Bronia hatte mal auf diesem Schiff gearbeitet und jemand von der Besatzung erkannte sie wieder. Man braucht eben Masel, wenn man im Schlamassel sitzt.

So kamen wir zum andern Ufer. Dort waren schon sehr viele Flüchtlinge. In der Nacht ging auch auf dieser Seite des Flusses ein Bombenhagel nieder. Gott sei Dank waren wir nicht an jener Stelle. Obwohl wir weit entfernt waren, hörten wir die Explosionen und es herrschte ein schreckliches Durcheinander. In ihrer Panik rief meine Mutter uns alle beim Namen. Sie wollte sich vergewissern, dass wir noch da waren und niemandem etwas geschehen war.

Der Weg, der nun vor uns lag, war lang: von Weißrussland bis nach Kirgisistan. Neben den Erzählungen meiner Familie über jene Jahre habe ich viel über den Krieg aus Büchern erfahren. Vor allem in letzter Zeit habe ich mich damit viel mehr als früher befasst. Ich wollte verstehen, was geschehen war, auch wenn es letztlich nicht zu verstehen ist. In Pinsk, meiner Geburtsstadt, wurden alle Juden, egal ob Männer, Frauen, Kinder oder alte Menschen, vor einer Grube aufgestellt und erschossen. Manche wurden lebendig begraben. Ich kann mir das alles nicht vorstellen. Es übersteigt meine Vorstellungskraft und der Gedanke daran macht mich unendlich traurig und wütend. Diese Grausamkeit lässt mich manchmal nicht zur Ruhe kommen, raubt mir den Schlaf. Wie konnten so intelligente Menschen solche Barbaren sein? Das Volk, das einen Kant, einen Schiller, einen Goethe hervorgebracht hat, hat sechs Millionen Juden barbarisch ermordet. Es waren die Vorfahren jener Menschen, unter denen ich seit nunmehr fast 50 Jahren lebe. Und noch heute findet diese Ideologie, Fremde zu hassen und Juden alles Elend dieser Welt anzulasten, Anhänger. Auch im Land der Täter. Das macht mir an manchen Tagen Angst. Auch wenn ich sehr wohl weiß, dass die Mehrheit der Deutschen sich ihrer Vergangenheit gestellt hat und mit Unverständnis und Abscheu auf das sieht, was in deutschem Namen geschehen konnte. Ich habe hier viele Freunde gewonnen und ich verdanke Deutschland sehr viel. Wer mich fragt, wo meine Heimat ist, dem sage ich Deutschland. In den letzten Jahren habe ich mich intensiver mit der Geschichte der deutschen Juden beschäftigt. Vieles wusste ich nicht. Als polnische Jüdin und Israelin bleibt mir das hohe Maß der Anpassung der deutschen Juden an ihre Umwelt vor 1933 fremd und doch empfinde ich Stolz, wenn ich auf das blicke, was Juden in Deutschland geleistet haben. Sogar im deutschen Fußball. Das freut mich als langjährige Makkabi-Funktionärin.

Mir die Welt heute lesend zu erschließen, empfinde ich nach den vielen Jahren, in denen ich nur ums blanke Überleben kämpfen musste, als großes Privileg. Lesen ist neben der Malerei zu meiner liebsten Beschäftigung geworden. So wie ich als Kind nicht lernen wollte, so bin ich jetzt wie ein trockener Schwamm: Alles will ich wissen. Es ist ein unstillbarer Hunger in mir gewachsen, zu lernen und Wissen anzusammeln – besonders über mein Volk und über seine Geschichte. Es ist nie zu spät, zu lernen und sich weiterzubilden. Die Wahrheit ist: Vieles, was ich im Leben brauchte, habe ich Büchern entnommen. Dafür sind Bücher doch da! Sogar bei meiner Scheidung half mir ein Buch, nämlich „Rette sich wer kann“ von Erika Jong. Auf die Religion(en) und die Welt habe ich einen anderen Blick gewonnen durch das Buch von Egon Friedell „Die Geschichte der Neuzeit“; durch die philosophischen Vorlesungen an der Universität Stuttgart, die ich seit Jahren besuche, hat sich mir ein Kosmos eröffnet, der mich das Leben neu sehen und leben lässt. Die Bibel hat mir Trost in so vielen Lebenslagen gegeben. Seit der Lektüre der Bücher „Zu einer anderen Zeit“ von Amos Elon und Arno Herzigs „Jüdische Geschichte in Deutschland“ sowie „Die Ostjuden“ von Heiko Haumann bin ich noch stolzer darauf, Jüdin zu sein.

Man muss nicht alles wissen, aber man muss wissen, wo es steht. In den „Sprüchen der Väter“ (I, 16) heißt es: „Mache dir einen Lehrer“, und ich fand ihn. Das ist Heinrich. Durch ihn und mit ihm habe ich begonnen, mir Wissen anzueignen. Das war mein Fels in der Brandung.

Sokrates hat natürlich recht, wenn er schreibt: »Ich weiß, dass ich nichts weiß«. Ich hoffe, dass mein Leben noch für zwei Dinge ausreicht: zumindest einen Teil meines Wissensdurstes zu stillen und mich mit meiner Malerei in der Kunstszene zu etablieren.

Auch auf den Gedanken, meine Geschichte aufzuschreiben, kam ich durch die Lektüre eines Buches, nämlich „Die vier Leben der Martha Feuchtwanger" von Manfred Flügge. Diese spannende und aufreibende Geschichte einer Frau, ihr Leben an der Seite eines großen Schriftstellers, aber nicht unkomplizierten Mannes, habe ich verschlungen und mich – bei allen Unterschieden – oft an mein eigenes Leben erinnert gefühlt. Auch ich hatte vier Leben: in (Weiß-) Russland, Polen, Israel und in Deutschland.

Im Alter von gerade einmal einundzwanzig Jahren war ich schon Mutter von drei (!) Kindern. Muttersein ist ein Beruf auf Lebenszeit. Dass ich mittlerweile mehrfache Oma bin, ist für mich das größte Glück. Natürlich haben mir meine drei Jungs nicht nur Freude bereitet. Auch mein Mann war kein Glücksgriff, eher ein fulminanter Fehlgriff. Aber was wäre das Leben ohne Sorgen? Wie eine Suppe ohne Salz und Pfeffer. Nur hat schon jemand versucht, eine so pikante Suppe zu essen, wie sie mir bereitet wurde? Offen gesagt: Sehr oft wollte ich alles einfach ausspeien – und dennoch: Man darf sich von nichts und niemandem unterkriegen lassen gemäß des wunderbaren Sprichwortes: »Was dich nicht umbringt, macht dich stark«. Das ist wirklich wahr.

Mit meinem (Lebens-)Buch möchte ich bedrängten Frauen Mut machen, nicht aufzugeben, wenn es schwierig ist. An sich selbst zu glauben. Manches mag Vorsehung sein, aber es gibt auch etwas, vielleicht Gott, das unsere Wege lenkt und uns immer dann eine neue Tür öffnet, wenn eine gerade geschlossen wird. Ich möchte es meinen Familienmitgliedern widmen – auch denen unter ihnen, die den schrecklichen Krieg nicht überlebt haben und Opfer des Völkermordes an den europäischen Juden wurden.

Das Leben ist für uns alle eine Herausforderng. Es ist manchmal schwer, sich aufzuraffen, es selbst in die Hand zu nehmen und für sich, für die Kinder und für nachkommende Generationen zu kämpfen. Es ist eine Prüfung und ich glaube, dass ich die Prüfung bis jetzt bestanden, in jeden Fall überstanden habe.

Ich habe mir im Laufe meines Lebens meine eigenen zehn Gebote gemacht:

1. Gebot: Nicht aufgeben
2. Gebot: Weiter machen
3. Gebot: Nicht verbittert sein
4. Gebot: Zu Problemen stehen
5. Gebot: Lernen
6. Gebot: Sich verändern können
7. Gebot: Nicht klagen
8. Gebot: Neues wagen
9. Gebot: Alles mit Liebe machen
10. Gebot: Gott vertrauen

Es gelingt nicht immer, was man sich vornimmt, aber jeder neue Tag bietet die Chance, sich etwas Neues vorzunehmen.

Die Flucht aus Pinsk und unser Leben in Frunse

Pinsk, die Stadt, in der meine Familie bei Ausbruch des Zweiten Weltkrieges lebte, liegt in der weißrussischen Region Polesien. Vor Ausbruch des Zweiten Weltkrieges lebten in der zu diesem Zeitpunkt polnischen Stadt etwa 30.000 Juden. Das waren fast siebzig Prozent der Bevölkerung. Im September 1939 wurde die Stadt zunächst von der Sowjetunion besetzt und dann eroberte die deutsche Wehrmacht am 4. Juli 1941 Pinsk. Bald darauf wurde ein Judenrat eingesetzt. Anfang August rückte das SS-Kavallerie-Regiment 2 unter dem Kommando von Franz Magill ein und es kam zu ersten Massenexekutionen an der jüdischen Bevölkerung. Zwischen dem 5. und dem 8. August 1941 wurden zwischen 4.000 und 8.000 jüdische Männer von der SS erschossen. Im Mai 1942 mussten die bis dahin am Leben gebliebenen Pinsker Juden auf Befehl der deutschen Besatzungsverwaltung in ein Ghetto umziehen, das nur etwa ein halbes Jahr existierte. Bis zu 20.000 Menschen lebten hier auf engstem Raum. Auf Befehl Heinrich Himmlers erschoss die SS zwischen dem 29. Oktober und dem 1. November die im Ghetto internierten Juden an bereits ausgehobenen Gruben. Nahezu die gesamte jüdische Bevölkerung von Pinsk fiel den Mordaktionen der SS zum Opfer.

Unsere Wohnung in Pinsk war auf der Bernardinska 22. Wir hatten sie bei einer Frau namens Nechama Begun gemietet. Gegenüber lagen die Synagoge und eine Jeschiwa mit einem Lubawitscher Rebben. Ganz in unserer Nähe gab es eine Kirche und eine Bäckerei. Manchmal ließ uns Familie Kontschoby ein Stück Gebäck zukommen. Wir waren wirklich arm. Direkt neben der Apotheke von Frau Glotzer lag das Geschäft von Frau Schifre Ploch, die geräucherte Heringe verkaufte. Meisten waren es die Frauen, die die Geschäfte führten („Parnosegeber" auf Jiddisch).

So lebten wir in dieser jüdischen Welt, als im Sommer 1941 die deutsche Wehrmacht Weißrussland besetzte. Damals war ich fast ein Jahr alt. Binnen kürzester Zeit entstand eine Riesenpanik. Alle Familienmitglieder wurden zusammengetrommelt. Wir retteten uns mit einem kleinen Boot, in das die ganze Familie hineingestopft wurde. Mein Vater wollte zu einem russischen Freund, weil er dachte, der würde uns verstecken. Der Mann war jedoch mächtig erschrocken, als er uns sah. Er bat meinen Vater, er solle schleunigst weiter fliehen, denn er hatte große Angst um seine Familie. Die Nachricht hatte sich bereits herumgesprochen, dass diejenigen, die Juden versteckten, auch ermordet würden. Der Freund gab uns aber Lebensmittel für unterwegs mit. Auch andere Russen gaben Flüchtlingen so viele Lebensmittel mit, wie diese nur tragen konnten. Wir haben gute Erfahrungen mit dem einfachen russischen Volk gemacht, zumindest am Anfang. Später wurde das anders, als sie selber nichts mehr hatten. In der Nacht kamen deutsche Bomber und schossen auf Teufel komm raus. Was sich dort abgespielt hat, war grauenhaft. Überall lagen Leichen herum, Menschen, die sich unter den Zügen und unter den Brücken versteckt hatten – sie lagen einfach leblos da. Auf der gegenüberliegenden Seite des Dnjepr, wo wir dann hinkamen, waren schon andere Flüchtlinge. Alle suchten sie Schutz vor den Bomben. Die Deutschen haben ihre verbrecherische Arbeit gut gemacht. Die Bomber kamen in der Nacht. Es entstand jedes Mal ein Riesentumult. Wir versteckten uns im Wald, dort gingen keine Bomben nieder. Meine arme Mutter rief uns alle mit Namen, es war stockfinstere Nacht, und sie muss eine furchtbare Angst um uns gehabt haben. Am nächsten Tag nahm uns ein Schiff bis Dnepropetrowsk mit. Dort bekamen wir einen Zug für Flüchtlinge bis Kiew und weiter nach Stalingrad. Schließlich ging es bis in die Nähe von Astrachan und von dort nach Taschkent in Usbekistan. Am Ende bestiegen wir wieder ein Schiff, das uns nach Frunse in Kirgisien brachte.

Die letzte Station unsrer Flucht war also Kirgisien und zwar Frunse, heute Bischkek. Die ganze Odyssee war grauenvoll. Mein Vater war nicht mehr da. Die Rote Armee hatte ihn unterwegs einkassiert. Er musste beim Militär für die Soldaten Verteidigungsschanzen ausheben. Meine Mutter war plötzlich mit fünf Kindern allein. Meine anderen drei Geschwister hatten die Flucht nicht überlebt. Ein Bruder wurde mit einem Stein von einem deutschen Soldaten erschlagen – wir waren denen schutzlos ausgeliefert. Für sie war das nur ein Spiel. Der zweite Bruder verstarb an Dysenterie (Ruhr) und der dritte an Typhus. Medikamente waren nicht vorhanden und wenn doch, waren sie für uns unerschwinglich. Meine Mutter hat später von Tauschgeschäften erzählt, die sie gemacht hatte. Für ein Ei bekam man ein Kilo Kartoffeln. Das eine Ei wäre zwar gut für das kranke Kind gewesen, aber ein Kilo Kartoffeln für die ganze Familie – was sollte die Arme da wohl machen? Wenn wir nicht genug zu essen hatten, bestand unsere Nahrung auch aus Brennnesseln. Auf den Bahnstationen haben wir uns in unserer Not nur davon ernährt.

Mein Bruder Arele ist an Typhus gestorben. Woran meine Brüder Lozerke und Jirmele gestorben sind, weiß ich nicht. Heute erzählt jeder etwas anderes. Ist das ein Wunder – es liegt ja alles so lange zurück und die menschliche Natur verdrängt das Schreckliche. Und nichts ist so unsicher und täuscht so oft wie die Erinnerung.

Manchmal ist es ein Glück, ein Baby zu sein. Ich weiß über jene Zeit nur das, was man mir nach dem Krieg erzählt hat – bis auf eine Sache, wie meine jüdische Mutter mich beim Doktorspielen mit einem gleichaltrigen Kirgisen erwischt hat. Es war 1944 – ich war damals vier. Das Geschrei meiner Mutter höre ich noch bis heute. Wir hatten keine Spielsachen, da haben wir uns eben selbst untersucht. Das ist zwischen Kindern auch ganz normal.

Und noch etwas ist mir, weshalb auch immer, im Gedächtnis haften geblieben: die Angst auf der Fahrt. Ich hatte Angst, dass jemand verloren geht, weil der Zug sich immer ohne Vorwarnung in Bewegung setzte. Diese Zeit war so furchtbar, dass man sich das heute gar nicht mehr vorstellen kann. Eine meiner Schwestern ging verloren und fand uns erst zwei Wochen später wieder.

Das Leben in Frunse war unter jeder Würde. Es war kaum Arbeit vorhanden und natürlich auch kein Geld. Das einzig Positive war, dass wir lebten – mehr schlecht als recht, aber wir lebten. Die Russen haben uns das Leben gerettet. Das war schon sehr viel, wenn man bedenkt, wie es so vielen anderen ergangen ist.

Während des Krieges hatte man keine Wahl. Fast jeder musste irgendeine Arbeit verrichten. Meine Schwester Regina hat mir erzählt, dass man uns, als wir in Kirgisien angekommen waren, eine Wohngelegenheit in einem Vorort von Frunse, nämlich in Tscherebki, zugeteilt hat. Da hatten wir nun alle ein Zimmer bei einer Kirgisin. Die Lage war erbärmlich. Erst gingen meine Schwestern Jocha und Regina in die Schule. Dann jedoch mussten meine Geschwister, die über 14 Jahre alt waren, in einer Munitionsfabrik arbeiten. Die Fabrik hieß FeZeO „Kriegsfabrik-Stadt-Frunse“. Dort mussten sie sechs Stunden am Tag praktisch Zwangsarbeit leisten. Nach der Arbeit durften sie nach Hause gehen.

Meine Schwester Regina hat davon keinen Gebrauch gemacht, denn im Winter war es sehr früh dunkel und der Weg zurück nach Hause ging durch den Wald. Sie schlief in der Fabrik in einer Ecke auf dem blanken Boden. Meine Schwester Bronia hat man woandershin zum Arbeiten geschickt. Sie musste Torf zum Heizen sammeln. Das war eine ungeheuer schwere Arbeit und weit weg von uns. Mein Bruder Sam wurde zur Arbeit in einer Reisfabrik eingeteilt. Dort hat er dann auch Reis für uns mitgehen lassen, den er in seinen langen Unterhosen versteckte. Hätte man ihn geschnappt, dann hätte ich keinen Bruder mehr.

Für meine Geschwister und meine Mutter war es eine sehr harte Zeit. Lange waren wir allein, ohne Vater, kaum etwas zum Essen, ohne Schuhe, ohne richtige Kleidung. Erst als mein Vater wiederkam, ging es uns ein wenig besser.

Von den Heldentaten meines Bruders, durch die wir etwas zu beißen bekamen, habe ich bereits erzählt. Er hat auch in einer Mühle gearbeitet, wo man Weizenmehl gemahlen hat. Auch dort konnte er für uns ein bisschen was abzweigen – natürlich unter großer Lebensgefahr.

Die Flucht meines Vaters aus dem Militär

Die Militärzeit meines Vaters endete damit, dass er eines Tages beschloss, einfach abzuhauen. Da er damit desertiert war, musste er sich andauernd verstecken. Er ging grundsätzlich nur nachts. Eines Tages gelang es ihm, auf ein Schiff zu kommen. Vor dem Schiff waren Träger, die das Schiff beluden. Er schnappte sich einen Riesensack und trug ihn aufs Schiff. Als blinder Passagier legte er sich unter ein Kinderbett in einer Schiffskabine. Mit diesem Schiff wurden Kinder, die ohne Eltern waren, in diejenigen Gebiete der Sowjetunion evakuiert, in denen noch kein Krieg war.

So lag mein Vater immer mit der Angst, entdeckt zu werden, unter diesem Kinderbett. Und er wurde natürlich von den Kindern gefunden, die erst gewaltig erschrocken waren, ihm dann aber sogar etwas zu essen brachten. Schließlich marschierte er zu Fuß weiter, musste sich aber stets verstecken und äußerst vorsichtig sein, denn überall drohte die Gefahr, dass er aufgegriffen wurde.

Eines Tages fand er uns. Bei seiner Ankunft in Tscherebki traf mein Vater meine Schwester Regina unterwegs. Er fragte sie nach der Familie Juszkiewicz – sie hat ihren eigenen Vater nicht erkannt, denn er war in Lumpen gehüllt und ganz verkrümmt mit einem langen Bart. Als die beiden nach Hause kamen, war die Freude riesengroß.

Nachdem mein Vater einigermaßen zu Kräften gekommen war, ging es uns schon wesentlich besser. Aber wir mussten von dort verschwinden, sonst hätte man ihn verhaftet. Alle wussten doch, dass wir ohne Vater gewesen waren. Vor unserer Flucht musste aber noch ein Problem gelöst werden. Meine Schwester Regina arbeitete ja in der Fabrik und konnte nicht einfach wegbleiben. Mein Vater ging also dorthin und holte sie unter dem Vorwand heraus, er müsse mit ihr zum Zahnarzt gehen. Zuvor hatte er jedoch für den zuständigen Kommandanten ein Paar Stiefel gemacht. Durch diese Bestechung konnten wir in Ruhe schlafen und mussten keine Angst haben, jemand würde nach Regina suchen, sobald offensichtlich war, dass sie nicht mehr zur Arbeit zurückkommen würde.

Wir zogen nach Frunse und der Kampf ums Überleben ging weiter. Mein Vater hat dort gearbeitet wie die Luftmenschen in Scholem Alejchems Büchern – das ist ein berühmter Dichter, der auf Jiddisch trefflich die bedrückende Lage der Juden im Osten, aber auch deren Humor geschildert hat. Mein Vater hat gekauft, hat verkauft und ergatterte sogar ein Stück Leder. Nu, was macht ein Schuster, wenn er Leder hat? Ein Paar Schuhe – und meine Mutter ging in Frunse auf den Markt, um die Schuhe zu verkaufen. Schon nach wenigen Minuten hatte sie einen Kunden und noch einen. Eine Frau sagte: »Gib mir die Schuhe!« Meine Mutter wollte ihr die Schuhe geben, da hatte sie auf einmal nur noch einen Schuh, sie schaute sich um, aber da waren keine Schuhe mehr und auch keine Kunden. Das war ein Schock! Sie wollte nicht mehr nach Hause gehen. Sie wollte sich umbringen.

Nach paar Stunden, als die Mutter nicht nach Hause kam, machten sich alle Sorgen. Mein Vater und Regina gingen sie suchen und sahen sie plötzlich am Fluss. Die Erleichterung war groß, als sie die Mutter gefunden hatten. Sie weinte, aber mein Vater lachte und meinte: »Wein doch nicht, Chaschelu. Das Wichtigste ist doch, dass du da bist und, mit Gottes Hilfe wird es schon weitergehen«. Das ist der jüdische Humor.

Und es ging weiter.

Der Hunger blieb unser ständiger Begleiter. Wenn mein Vater einen warmen Kuchen für seine Arbeit bekommen hatte, dann wollte er uns sofort wecken, damit wir etwas in den Magen bekämen, aber meine Mutter sagte zu ihm: »Lass die Kinder schlafen, der Schlaf stillt den Hunger am besten.«

Das Ende des Krieges

Am 8. Mai 1945 vernahmen wir mit Freude, dass der Krieg zu Ende war. Was lag nicht alles hinter uns? Wir wollten nach Weißrussland zurück. Wohin sonst? Man ließ uns aber nicht rein. Vielmehr schickte man uns in die von den Polen besetzte, ehemals deutsche Stadt Stettin.

Die Wunden des Krieges waren noch nicht verheilt, aber meine Eltern versuchten, sich ein neues Leben aufzubauen.

Stettin war für mich die schönste Zeit meines Lebens. Ich ging dort zur Schule, hatte eine liebende Familie, hatte Freunde. Dort hatte ich meine ersten Rendezvous. Ich war im Ballet, spielte Theater. Meine Familie konnte sich vieles leisten, denn mein Vater hatte ein eigenes Schuhgeschäft. Es fehlte uns an nichts – bis auf eins: Wir wollten nach Israel – ins gelobte Land, wie man im Gebet sagt: nächstes Jahr in Jerusalem (ba-schana ha-ba'a biruschalayim). Das war der größte Wunsch meiner Familie. Aber dieser Weg war versperrt. Aus einem Land wie Polen konnte man nicht einfach ausreisen. Es war ein kommunistisches Land. In der Schule lehrte man uns, aufrechte Kommunisten zu sein. Wir wurden ideologisch getrimmt, sangen kommunistische Lieder; Bilder von Lenin, Stalin, Marx und Bierut hingen in der Schule. Ich habe geweint, als Stalin starb, aber nicht nur ich, alle haben wir geweint, denn man hatte uns gesagt, unser Vater sei gestorben.

Ich war nicht die Beste in der Schule. Genau genommen war ich stinkfaul. Mein Kopf war bei den Jungs. Meine besten Fächer waren Biologie, Geschichte und Musik, Sport und Zeichnen. Ja, im Zeichnen war ich eine der Besten – immerhin! Ich war kein artiges Kind, ich war ein Lausebengel. Häufig wurden meine Eltern in die Schule einbestellt, aber ich ließ stattdessen meine Schwester hingehen. Ich hatte keine Angst vor einer Bestrafung durch meine Eltern, aber ich habe mich geschämt, denn in den Augen meiner Eltern wollte ich doch lieb sein.

Ich mochte meine Schulfreunde, aber sie waren alle jünger als ich und ich suchte Kontakt zu Älteren. Für mich waren das noch kleine Kinder. In den

Camps, wohin alle Kinder jedes Jahr geschickt wurden, war ich immer Leiterin einer Gruppe, das machte mir Spaß. Meine engeren Freunde waren Rachela, Sara, Lena und Jakov – alle jüdisch. Jakovs Mutter hatte mich sehr gerne. Sie hat sich immer gewünscht, dass ich eines Tages ihre Schwiegertochter werden würde. So sind die jüdischen Mütter. Das Leben läuft häufig anders, als sie es sich für ihre Kinder vorstellen. Jakov hat mich häufig morgens geweckt. Trotzdem kam ich sehr oft zu spät in die Schule. Mein Lieblingsfach war auch schlafen. Ich wollte nicht in die Schule und behauptete: Mir ist nicht gut. Sie glaubten mir nicht immer. Eines Tages sollte sich meine Lügerei als ziemliches Problem erweisen und um ein Haar wäre es für mich zu spät gewesen. Ich hatte eine Appendizitis. Selbstverständlich wollten sie mir nicht glauben. Da wäre es dann fast um mich geschehen, denn wenn ich nur eine halbe Stunde später ins Krankenhaus eingeliefert worden wäre, dann wäre ich nicht mehr da.

Nach diesem Zwischenfall erhielt ich richtig viel Aufmerksamkeit: Ich bekam ein wunderschönes blaues Kleid. Das war wunderbar, denn sonst bekam ich fast immer die abgelegten Kleider meiner großen Schwester Jocha, was mir gewaltig gestunken hat.

Kindheit und Jugend in Stettin

Unsere Reise von Frunse nach Polen hatten wir, wie zahllose andere jüdische Familien, in Zügen zurückgelegt. Der Weg war gefährlich und die Fahrt dauerte Monate. Häufig mussten wir auf Bahnhöfen warten, weil die Russen mit unwahrscheinlich langen Waggons alles Mögliche transportierten. Sie haben alles, was nicht niet- und nagelfest war, abtransportiert: Kühe, Pferde, Schafe, Ziegen, Kleidung, Lebensmittel und Kunstgegenstände, Maschinen usw. Alles, was wertvoll war oder was man zu Geld machen konnte. An den Stationen, an denen wir warten mussten, wurden viele Juden von Polen überfallen. Es machte sich eine große Angst breit, weil die Polen nicht nur geraubt, sondern auch Leute ermordet haben. Wir fühlten uns wie Freiwild und waren es auch. Nicht zuletzt deshalb haben die jüdischen Familien, die die Shoah überlebt hatten und in Polen blieben, aus Angst und zum Schutz immer die Nachbarschaft zu anderen jüdischen Familien gesucht.

Nach unserer Ankunft in Stettin lebten noch Tausende Deutsche in der Stadt. Sie mussten später die Stadt verlassen und wurden vom Stettiner Bahnhof aus nach Deutschland abgeschoben. In diese Züge, die jeden Tag fuhren, haben sich auch Juden eingeschmuggelt und sich so vor dem Kommunismus gerettet. Sie gaben sich als Deutsche aus, sprachen aber Jiddisch. Manchem ist die Flucht gelungen, manchem nicht. Auf diese Weise haben auch meine Schwester Bronia und ihr Mann Polen verlassen. Auch mein Bruder Sam (Symche) hat Polen sehr schnell hinter sich gelassen. Geholfen hatten dabei jüdische Organisationen, derer es viele gab: Jehuda, Haschomer Hatzair oder Beitar. Mein Vater war im Beitar. Heute ist das die Cherut-Partei. Ein bedeutender Anführer, ein gewisser Ajnbinder aus Słupsk, einer Stadt in Polen, kam häufig zu uns nach Hause. Den Polen hat dieses politische Engagement der Juden gar nicht gefallen und mein Vater wurde, so wie andere Juden auch, für eine längere Zeit verhaftet. Man hat sie beschuldigt, Juden illegal zur Ausreise verholfen zu haben. In einem Dokument der Stettiner Bürgermiliz hieß es über meinen Vater: »Im Zeitraum von Mitte 1946 bis zum 23. März 1949 war er in Stettin Mitglied einer illegalen zionistisch-revisionistischen Organisation, welche den Schmuggel polnischer Bürger jüdischer Nationalität von Polen nach Deutschland betrieb.« Im März 1950 wurde er vom Appellationsgericht in Stettin zu einem Jahr Gefängnis verurteilt wie viele andere auch. Die Polen waren nicht zimperlich. Wenn sie jemand störte, dann wussten sie ein Mittel und das war das Gefängnis. Dort haben sie die Leute so lange drangsaliert, bis sie alles zugegeben haben: Das waren die Methoden des KGB.

Mein Vater war wie die meisten Juden in der Diaspora stolz auf Israel. Wir waren froh, dass es nach allem, was wir erlebt hatten, nun einen jüdischen Staat gab, der uns Zuflucht bieten konnte. Die ganze Familie auf der Seite meines Vaters war in der Shoa ermordet worden. Wir kennen die genauen Umstände bis heute nur zum Teil. Nach dem Krieg trafen wir jemanden, der uns erzählte, wie mein Großvater ums Leben kam. Demnach wollte er seine Tochter schützen und sie wurden dabei von Deutschen erschossen, meine Großmutter ebenfalls. Der Neffe meines Vaters überlebte zwar den Krieg. Als er jedoch nach Minsk Mazowiecki bei Warschau zurückkam, wurde er nachts im Schlaf von einem Polen mit einer Hacke erschlagen. Immerhin wurde der Mörder verhaftet und zu zwei Jahren Gefängnis verurteilt.

In Stettin existierte auch ein jüdisches Kulturhaus. Die konstituierende Sitzung des Zentralen Jüdischen Kulturzentrums (TSKZ) fand am 26.11.1950 statt. Eines der wichtigsten Postulate war, dass die Organisation vor allem der Integration der jüdischen Bevölkerung in die polnische Gesellschaft dienen sollte. Dies blieb schwer zu realisieren. Die politischen Änderungen 1956 in Polen offenbarten, dass die Mehrheit der polnischen Gesellschaft ihre Abneigung den Juden gegenüber zwar lange unterdrückt, keinesfalls aber verloren hatte. Den Juden wurde ihr angeblich übermäßig hoher Anteil an politischen Machtpositionen und Missbrauch ihres vermeintlichen Einflusses vorgeworfen. Antisemitische Parolen wie: »Juden weg« wurden laut. Dieses Verhalten hat mit dazu beigetragen, dass die jüdische Bevölkerung immer mehr darüber nachdachte, Polen zu verlassen.

Das jüdische Kulturhaus wurde unter anderem von Michal Weinapel, Schymek Reichstein und Białostocki geleitet. Weinapel war später Sprecher im israelischen Rundfunk und nannte sich Michael Ben Avraham. In Stettin war er ein hervorragender Manager der Kulturabteilung und organisierte auch

Auftritte jüdischer Kulturschaffender in anderen Städten, wie zum Beispiel in Breslau (Wrocław) und Warschau.

Die jüdischen Organisationen haben sich in besonderer Weise um die Jugendlichen gekümmert. Sie waren die Zukunft und sie sollten nicht in Polen bleiben. Deshalb wurden sie darauf vorbereitet, nach Israel auszuwandern.

Alle jüdischen Familien mussten sich, sobald sie in Stettin ankamen, in einer städtischen Stelle für Repatriierte melden und bekamen eine Wohnung zugeteilt. Wir kamen zunächst in der Barnim Straße (ulica Barnima) unter, bevor wir eine bessere Wohnung in der Żupański Straße 6 (ulica Jana Żupańskiego) bezogen. In ihr hatten früher Deutsche gewohnt. Wir jüdischen Überlebenden zogen in Stettin nicht selten in Wohnungen, in denen Deutsche gewohnt hatten. Sie standen ja leer und häufig befand sich darin noch das Mobiliar der vorherigen Bewohner.

Der Stettiner Stadtteil Niebuszewo wurde zu einem jüdischen Viertel. Dort lebten bezogen auf ganz Stettin die meisten Juden. In Niebuszewo entwickelte sich ein jüdisches Leben mit allem, was dazugehört. In einer kommunistischen Trikotagenfabrik fanden viele Arbeit, auch meine Schwester Regina. Kioske und kleine Läden wurden eingerichtet. Schuster- und Schneiderwerkstätten entstanden. Schließlich wurde ein jüdisches Komitee auf der Slowackiego 12 gegründet. Dort hatte man die Möglichkeit, nach Familienangehörigen zu suchen, die bislang nicht wieder aufgetaucht waren. An einer Wand hingen zahllose Zettel mit Namen. Das Komitee war auch zuständig für die Verteilung der Care-Pakete aus Amerika, in denen sich Lebensmittel, Kleidung usw. befanden.

Um uns herum lebten viele jüdische Familien. Ich erinnere mich noch an die Familie Konkol. Es waren drei Brüder und eine Schwester, glaube ich. Später habe ich Konkols in Israel besucht. In Stettin waren die Brüder Schmiede gewesen. Ich habe sie sehr gemocht, sie haben immer gelacht und waren fröhliche Zeitgenossen. Dann war da die Familie Soroka mit drei Brüdern und zwei Schwestern. Häufig haben wir mit anderen jüdischen Familien die Feiertage gefeiert. Purim zum Beispiel. Dieser Feiertag geht zurück auf die Zeit, als auch Juden in Persien lebten und ein Minister mit Namen Haman sie vernichten wollte. Mit Hilfe des frommen Juden Mordechai und seiner Nichte Esther – sie war Königin des Perserreiches geworden –, konnten die Juden das Unglück verhindern. Haman hat seine Strafe bekommen. Seit damals feiern wir die Rettung der Juden als fröhliches Fest und die Kinder verkleiden sich dabei wie an Fasching. In Israel finden auch Umzüge statt. Das taten wir in Stettin nicht, sondern sangen Lieder und trugen Gedichte vor. An eines dieser Gedichte kann ich mich noch erinnern:

Hajnt is purim, morgen is ojs:
Gebt mir a groshen und warft mich arojs.

Das haben wir bei den jüdischen Nachbarn aufgesagt und dafür Geld und Süßigkeiten bekommen. Es war toll. Ich war immer die Königin Esther. Haman wollte verständlicherweise niemand sein. Das Schönste war: Wir haben den Nachbarn immer Schalachmones gebracht. Das sind Humentaschen, ein Gebäck in Dreiecksform, gefüllt mit Mohn. Das Gebäck soll die Ohren von Haman, dem Bösewicht, symbolisieren. Es wird nur an Purim gebacken. Wein, dieses Gebäck und andere Süßigkeiten schenkt man sich gegenseitig an diesem Tag, man kann sich auch betrinken, damit man den Unterschied zwischen dem bösen Haman und dem guten Mordechai vergisst. Zu uns kam an Purim regelmäßig sehr viel Besuch und für uns Kinder gab es reichlich Nascherei. Auch Sukkot, was Laubhüttenfest bedeutet, haben wir gefeiert. Das ist zurückzuführen auf den Auszug aus Ägypten und die vierzig Jahre dauernde Wanderung in der Wüste; sie machten sich solche Laubhütten, bis sie ins gelobte Land kamen. Für mein Volk ist das ein wichtiges Fest. Im Hinterhof des Hauses, in dem unsere Wohnung war, stand jedes Jahr eine geschmückte Laubhütte und dort haben wir unsere Mahlzeiten eingenommen.

Ich hatte zwei erwachsene Schwestern und so kamen viele junge Männer zu uns nach Hause. Meine Schwester Regina fand in Henek den Mann ihres Lebens. Nur eine Schwester war ihm von seiner Familie in Stettin geblieben. Sein Bruder lebte in Warschau. Den jüngsten Bruder und zwei weitere Geschwister hat die Shoah verschlungen. Er selbst ist in Ausschwitz geboren worden. Dieser berühmten Stadt in Polen, in der die Deutschen eine Maschinerie entwickelt haben, in der sie auf eine nie dagewesene industrielle Art und Weise Menschen vernichteten. Menschen mit nur einem einzigen Makel: Sie waren Juden. Mit sieben Jahren verlor Henek seine Eltern durch eine Krankheit. Er war ein sehr feiner junger Mann, aber Vermögen hatte er nicht. Meine Eltern haben im Rahmen ihrer Möglichkeiten alles getan, damit es Regina und ihm gut ging. Die beiden führten eine gute Ehe mit ihren drei Kindern Klara, Naftali und Edith. Henek war ein guter Vater. Wir verstanden uns prächtig und er war immer zu Späßen aufgelegt. Er hat auch ein Buch über sein Leben geschrieben, damit nicht vergessen wird, was er alles erleben durfte, aber auch verkraften musste. Das Buch befindet sich in Jad Vashem in Jerusalem.

Jocha, meine zweite Schwester, hatte viele Verehrer. Geheiratet hat sie Jankel. Jankel und seine Familie kamen aus Praschnitz (Przasnysz). Alle haben die Verfolgung überlebt. Die Deutschen haben sie eigentlich sogar gerettet: Sie steckten die 3.000 Juden des Ortes in einen Zug, der in Russland landete. Von dort aus wurden alle nach Sibirien geschickt. Dort war es zwar extrem schwer, aber letztlich blieben sie am Leben. Jankel hatte drei Brüder und drei Schwestern. Seine Eltern führten eine Schusterwerkstatt und Jankel arbeitete dort mit seinem Vater als Schuster. Jojne, einer seiner Brüder, war Zuschneider für die Schuhe. Er wanderte später nach Amerika aus. Jankels Bruder Schlomo mit seiner herzensguten Frau Mania habe ich erst in Israel kennengelernt. Wer die beiden besucht, wird wie im Märchen „Tischlein, deck dich" königlich bewirtet (und wie ist der Tisch gedeckt!). Sie haben vier wohlgeratene Söhne mit Familie. Jankels Schwester Zippora starb in Stettin an Krebs. Man konnte sie nicht retten. Eine andere Schwester wurde von einem verliebten Freund erschossen. Das war damals eine wahre Katastrophe. Die dritte Schwester Nesia lebt mit Familie in Frankreich.

Zippora hat eine wunderschöne Tochter hinterlassen. Als ihre Mutter starb, war sie gerade einmal zwei Jahre alt – meine Tzippi. Schon damals mochte ich sie und heute mag ich sie noch mehr. Sie lebt in Israel und ist mir eine gute Freundin geworden. Seit Jahrzehnten engagiert sie sich in Austauschprojekten zwischen polnischen und israelischen Studenten. Versöhnung und gegenseitiges Kennenlernen sind ihr wichtig. Ich bin wirklich glücklich, solche Freunde zu haben.

Dann war da in Stettin natürlich die Schule und zwar eine jüdische Schule, die Peretz-Schule (szkoła Pereca). Über diese Schule schrieb Anna Barczak mit Hilfe von Frau Róża Król unter dem Titel „Schicksale der Schüler der jüdischen Grundschule I.L. Peretz" in einer Zeitschrift einen Artikel, dem ich

Informationen entnahm, die ich so nicht gekannt hatte. Demnach nahm die Schule ihre Tätigkeit am 8. Juli 1946 auf. Sie befand sich in der ehemaligen deutschen Schule in der Roosevelt Straße 60/61 (heute Aleja Wyzwolenia 105) in unserem Stadtteil Niebuszewo, wo die Mehrheit der jüdischen Bevölkerung wohnte. Diese Schule wurde vom Landeskomitee der Polnischen Juden (WKZP) geleitet. Dieses wiederum gehörte dem Zentralen Komitee der Polnischen Juden an. Das WKZP wirkte in Stettin von Februar 1946 an und war sozusagen die Anlaufstelle für alle jüdischen Organisationen und politischen Parteien. Es koordinierte gleichzeitig das jüdische Leben in der Stadt. Man muss wissen, dass seit Anfang 1946 immer mehr Juden in Stettin ansässig wurden. Sie kamen vorwiegend – wie wir – aus den asiatischen Republiken der damaligen Sowjetunion, wohin sie während des Zweiten Weltkrieges übergesiedelt waren und weshalb sie überlebten.

Bereits Ende Juni 1946 stellten die Juden mit knapp 31.000 Personen beinahe die Hälfte der Gesamtbevölkerung der Stadt dar. Für die Neuankömmlinge hat das WKZP die Ansiedlung, Lebensmittelversorgung, Arbeitsplatzvermittlung, Gesundheitspflege, aber auch kulturelle Veranstaltungen und jüdische Bildung organisiert. Für die ca. 3.000 Kinder im Grundschulalter musste dringend eine Schule her. Darüber wurde schon April 1946 in dem WKZP debattiert.

Das WKZP unterstützte von Anfang an die Peretz-Schule. Auch die jüdische Weltorganisation (der Joint) beteiligte sich daran.

Meine Schwester Jocha und ich besuchten die Schule nach unserer Ankunft in Stettin. Es gab dort viele Lehrer und Lehrerinnen. An manche kann ich mich noch erinnern: Kozlowski war unser Sportlehrer, Lancman unterrichtete Geografie und Biologie. Da waren noch Frau Leblowa und Frau Lewowa. Herr Ferdman war unser Direktor. Nachdem er seinen Posten als Direktor aufgegeben hatte, übernahm ihn Frau Lewowa.

Ich habe es schon erwähnt: Das Lernen war (leider) damals nicht so wichtig für mich. Wenn ich mich aber mal dazu durchringen konnte, gut aufzupassen, war ich gar nicht so schlecht. Mein Gedächtnis war sehr gut. Das war mein Kapital, darauf konnte ich mich immer verlassen. So konnte ich Gedichte hervorragend rezitieren. Einmal habe ich sogar den ersten Preis bekommen, nämlich ein Buch. Da war ich mächtig stolz. Es war eine heitere Schulzeit und

Späße zu machen, war meine große Spezialität. Ich kann mich noch sehr gut an eine Biologiestunde erinnern. Wir sollten eine Maus zeichnen. Wie gewöhnlich trieb ich ein wenig Schabernack, weil ich meinen Rauswurf provozieren wollte, was mir allerdings nicht immer gelang.

Die Biologielehrerin Frau Lewowa war eine Frau von höchstens 1,45 Meter. Sie unterrichtete an diesem Tag in Vertretung. Wir sollten also wie gesagt eine Maus zeichnen, ich nahm das wie üblich nicht ganz so ernst. Sie kam zu mir und sagte: »Juszkiewicz, zwei Minuten gebe ich dir, um eine Maus zu zeichnen. Wenn du es nicht schaffst, gibt es sooo eine große 2!« Innerhalb von zwei Minuten war die schönste Maus im Heft. Ich glaube, Frau Lewowa hatte schon damals eine Ahnung, dass ich Malerin werden würde.

Das Leben verlief im Großen und Ganzen ohne Probleme. Das war mir auf die Dauer zu langweilig. Ich musste immer irgendetwas anstellen. Wie das in diesem Alter völlig normal ist, zettelten die jüdischen Jungs des Öfteren Schlägereien an. Es ging dabei in der Regel um Mädchen. Sie kamen sich wie unsere Beschützer vor und sie kämpften durchaus mit harten Bandagen. Stettin war sehr zerstört und in diesen Ruinen konnte man sich gut verstecken: jüdische Kinderbanden gegen polnische Banden. Während das bei uns Mädchen nur Spielereien waren, sah das bei den erwachsenen jüdischen Jungen ganz anders aus. Sie wurden oft von den polnischen Jungen verhauen. Das waren keine Bubenstreiche, denn sie wurden verprügelt, weil sie Juden waren. Die älteren jüdischen Jungs haben kräftig zurückgeschlagen. Man hat um sie ganz bewusst einen Bogen gemacht. Nach diesem Krieg ließen sie sich nichts mehr gefallen. Und man hatte Respekt vor ihnen.

Stettin war wie ganz Polen nach dem Krieg nicht frei von Antisemitismus. Immer wieder kam es zu Überfällen auf Juden in der Stadt. Der Antisemitismus ist keine Spezialität der Polen, aber er ist in Polen dennoch speziell und hatte bereits eine sehr lange Tradition, bevor die Deutschen das Land 1939 überfielen und Teile besetzten. Judenfeindschaft ist uns in den Nachkriegsjahren in der einen oder anderen Weise begegnet und wie Generationen vor uns lernten wir, damit zu leben.

Stettin war für mich die erste Station meines Lebens, die ich bewusst wahrnahm. Hier sprachen alle polnisch. Die Sprachen, die ich als Kind jedoch konnte, waren Russisch und natürlich Jiddisch, denn so unterhielten sich meine Eltern – auch mit uns. Alle jüdischen Kinder, die mit uns in Stettin angekommen waren, mussten erst einmal Polnisch lernen. Das Schöne ist, für Kinder stellt dies keine Schwierigkeiten dar.

Unsere erste Wohnung in Stettin war in der Barnima Straße, unsere zweite Wohnung in der Żupańskiego 6. Sie lag im Parterre. Wir hatten drei Zimmer: ein Schlafzimmer, ein Wohnzimmer und noch ein Zimmer. Wohn- und Schlafzimmer lagen zur Straße hin. Ich habe an diese Straße so wunderschöne Erinnerungen. Sie war gesäumt mit Lindenbäumen. Das dritte Zimmer ging zum Innenhof. Waren die Fenster geöffnet, konnte man im Mai den Duft des Flieders riechen, dessen Zweige fast bis ins Zimmer hineinreichten. In diesem Zimmer war immer eine meiner beiden Schwestern Regina oder Jocha. Meine Schwester Bronia und ihr Mann waren bereits nach Deutschland ausgereist. Mein Bruder Sam lebte nur eine kurze Zeit mit uns zusammen. Er war es, der mir das Tanzen beigebracht hat – ich stand auf seinen Füssen und wir haben getanzt. So habe ich den Rhythmus gelernt. Später konnte man mich kaum noch bremsen, so sehr liebte ich das Tanzen, und so ist es geblieben bis zum heutigen Tag. Der Ballettunterricht, den ich besuchte, war im Jüdischen Kulturzentrum in der Słowackiego Straße.

In der Schule gab es auch eine Tanzgruppe, ich war natürlich dabei. Ebenso beim Theater, wo ich Kinderrollen spielte. Ich hatte natürlich auch einen Traumberuf: Schauspielerin und Tänzerin. Mein Ehrgeiz war grenzenlos, ich wollte die Beste sein. Ich war ein verwöhntes Kind und ich konnte vieles anstellen, geschlagen haben mich meine Eltern nie. Die üblichen Probleme hatte ich natürlich mit meinen Geschwistern. Jocha wollte mich nie zu sich ins Zimmer hineinlassen; hatte sie Besuch, dachte ich, dass mir das zusteht. Wir haben uns immer gekloppt. Eines Tages gingen unsere Eltern ins Theater und als sie zurückkamen, trafen sie uns eng umschlungen auf dem Bett liegend an. Sie wunderten sich nicht schlecht. Die Sache war die: Als wir gestritten hatten, ist das Licht ausgegangen, wodurch wir uns ziemlich erschrocken haben, und das war der Grund, warum wir uns in die Arme nahmen. Es war eine gewisse Rivalität zwischen uns und ich glaube, so ist es auch geblieben. Trotzdem habe ich sie immer lieb gehabt.

Wir hatten häufig Besuch, denn bei uns zu Hause gab es immer etwas zu essen. Ich kann mich noch erinnern, wie einer kam und ich ihn sagen hörte: »Wir werden uns satt essen und dann gehen wir weiter.« Unsere Familie war sehr fromm. Jeden Freitag ist mein Vater in die Synagoge gegangen. Ich durfte ihn öfter begleiten. Ich mochte die Stimmung und die Gebete. Aber das Schönste von allem war, dass da immer viele Kinder waren, und es war immer lustig. Das Lachen der Kinder hat nie jemanden gestört. Obwohl ich ein Mädchen war, durfte ich mit dem Vater bei den Betenden stehen – was sonst nur Jungs erlaubt war. Eines Tages, als ich so bei meinem Vater stand, habe ich den Leuten zugehört, wie sie von ganzem Herzen und voller Inbrunst beteten, und ich sagte mir:

»Wenn ich das nur festhalten könnte und diese Szene malen könnte!«

Diesen Wunsch habe ich niemandem erzählt. Er ist jedoch viele Jahrzehnte später in Erfüllung gegangen. Dazu aber später.

Jeden Freitagabend haben wir mit der ganzen Familie Sabbat gefeiert. Wenn der Sabbat anbrach, war alles vorbereitet. Wir durften ja am Freitagabend kein Feuer machen und hatten deshalb eine heiße Platte in der Küche, um das Essen warmzuhalten. Es war bei uns alles ganz traditionell: Vater kam von der Synagoge und die Sabbatkerzen brannten bereits, denn meine Mutter hatte sie bei Einbruch der Dunkelheit angezündet. Danach sprach mein Vater den Kiddusch, den Weinsegen, über einen vollen Becher Wein, trank davon und gab allen am Sabbatessen Teilnehmenden davon zu trinken. Danach sprach er den Segen über die beiden Sabbatbrote, brach für jeden ein Stück ab, das er zuvor gesalzen hatte. Der Tisch im Wohnzimmer war immer voll – mit Fisch, Salat, Suppe, Fleisch und Kompott. Für uns Kinder war es toll, immer war Besuch da.

In der Anfangszeit waren meine Eltern natürlich genauso mittellos wie alle Familien, die das Kriegsende nach Stettin verschlagen hatte. Aber meine Mutter war eine Zauberin, sie hatte die Gabe, aus wenig viel zu machen. Von einem Hähnchen konnte sie eine ganze Woche Mahlzeiten zubereiten. Am Freitag gab es eine klare Suppe und am Sabbat das gleiche. Am Sonntag gab sie Graupen in die Suppe, am Montag ein wenig Wasser, am Dienstag ein paar Kartoffeln, am Mittwoch wieder Graupen und am Donnerstag gab es das, was noch übrig war.

Und endlich am Freitag gab es dann eine neue Suppe. So ging es ewig weiter, bis ich eines Tages wegen dieser Eintönigkeit geweint habe. Da hat mir die arme Mutter dann zu verstehen gegeben, dass ich unverschämt sei, worauf ich noch mehr geweint habe. Doch irgendwann habe ich verstanden, dass das, was wir hatten, nur mit Mühe und Not verdient worden war. Ich war ein unverschämtes Gör, wie Kinder es manchmal sind.

Aufwärts ging es mit uns erst, als uns mein Bruder Sam, der sich mittlerweile nach Deutschland abgesetzt hatte, regelmäßig mit Penizillin und Achromatin versorgte. Diese Mittel waren sehr gefragt und wurden damals in Polen gut bezahlt. Es gab viele Krankheiten, die man nur mit diesen Medikamenten heilen konnte. Seit wir die Medikamente verkaufen konnten, ging es uns prachtvoll. Mein Vater eröffnete einen Schuhladen und begann, wieder selber Schuhe herzustellen. Ich hatte die schönsten Schuhe aus Wild- und Schlangenleder in Stettin.

Meine Schwester Regina war für mich in jenen Jahren wie eine Mutter, ich habe sie immer geliebt. Sie hat alles für mich gemacht. Als sie Henek heiratete und eine eigene Familie gründete, war ich schrecklich traurig. Meine Schwester Bronia habe ich fast nicht gekannt. Sie hat uns verlassen, als ich noch klein war. 1946 ist sie mit ihrem Mann nach Deutschland gegangen und von dort nach Amerika. Ihr Mann Moische stammte aus der Bukowina und hatte als Einziger einer großen jüdischen Familie die Shoah überlebt, weil er in die Sowjetunion fliehen konnte. Die beiden lernten sich in Frunse kennen und haben 1944 dort geheiratet. An die Hochzeit kann ich mich deshalb erinnern, weil die Gäste Plow (ein russisches Gericht mit Reis und Fleisch), auch Pilaw genannt, ohne Besteck mit den bloßen Händen aßen. Im Laufe ihrer Ehe bekamen sie zusammen vier Kinder. Ein Kind wurde noch in Deutschland geboren, das ist leider gestorben. In Amerika bekamen sie Gilda, Caroline und Leon. Sie haben eine gute Ehe geführt und sind sehr fromm gewesen. Ich habe Bronia erst fast dreißig Jahre nach ihrer Abreise aus Stettin in Israel wieder getroffen, wo wir ein Familientreffen veranstaltet haben. Damals reiste ich aus Italien an, wo wir, mein Mann, die Kinder und ich, Urlaub in Lido di Jesolo machten. Von dort flog ich nach Rom und kam nicht weiter, weil in Zypern ein Krieg ausgebrochen war. Mein Flug musste verschoben werden, erst spät nachts konnte ich weiterfliegen. Während meines Aufenthaltes am Flughafen in Rom traf ich jugendliche Israelis, die kein Geld mehr hatten, um sich etwas zum Essen zu kaufen. Ich wollte sie einladen, aber sie waren so stolz und wollten nichts von mir annehmen. Erst als ich ihnen sagte, ich hätte Geburtstag, ließen sie es zu. Und was haben sie bestellt: Spaghetti und Wasser. Es war ein sehr bewegendes und schönes Wiedersehen mit Bronia bei meiner Schwester Regina, die damals schon lange in Israel lebte. Ich war zu diesem Zeitpunkt bereits von Israel nach Deutschland gezogen. Bronia und ich haben uns danach mehrere Male besucht. Doch die verlorene Zeit konnte uns niemand zurückgeben. Das ist das jüdische Schicksal: Wir leben zerstreut auf der ganzen Welt. Bei Bronias letztem Besuch habe ich gemerkt, was mir in den vielen Jahren entgangen ist. Ich habe sie sehr ins Herz geschlossen. Sie war zweiundzwanzig Jahre älter als ich, deshalb war unser Verhältnis in meiner Kindheit nie wirklich eng. Von ihrem Sterbebett aus – etwa fünf Stunden vor ihrem Tod – rief mich ihre Tochter Gilda aus Amerika an und so konnte ich mich von ihr verabschieden.

Meine Schwester Jocha hat auch jung geheiratet. Mit Jankel hat sie zwei Töchter bekommen, Sabine und Corin, und lebt heute in Frankreich. Mein Bruder Sam hat in Amerika geheiratet, aber seiner Ehe war nicht viel Glück beschert. Er hat zwei Kinder, Anita und Philipp. Sie leben in den USA.

Das Schlimmste, was in meiner Jugend passierte, war, dass mein Vater sich von meiner Mutter trennte und mit einer sehr jungen Frau zusammenzog. Sie war gerade mal drei Jahre älter als meine älteste Schwester Bronia. Sie war die Nachbarin von gegenüber und hatte vier Kinder von verschiedenen Männern. Das fünfte hatten mein Vater und sie gemeinsam gezeugt. Dieses gemeinsame Kind ist ein fantastischer Junge, mein Bruder Izio. Er ist einfach ein guter Bruder und ich mag ihn sehr. Damals war das Ganze für uns alle eine Katastrophe. Wir haben den Vater sehr geliebt und meine Mutter auch. Es war wie ein Weltuntergang.

Für mich war mein Vater fast alles. Wenn jemand mit mir schimpfte, war das die Mutter, nie der Vater. Sie hat mir zwar die Leviten gelesen und war doch die beste Mutter der Welt. Geboren wurde sie 1897 in Davyd Gorodok am Fluss Goryn, nicht allzu weit östlich von Pinsk entfernt. Es war zu einer Zeit, als Pogrome noch an der Tagesordnung waren. Die Arme – was sie durchgemacht hat in ihrem Leben! Zwei Weltkriege mit acht Kindern – das muss ihr erst einmal einer nachmachen! Sie hat jedem Kind, liebevoll und einfühlsam, das Gefühl gegeben, als wäre es das einzige. In Heiko Haumanns Buch „Geschichte der Ostjuden“ wird das Leben im Osten so realistisch beschrieben. Alles, was dort zu lesen steht, passt zum Leben meiner Mutter und meines Vaters und ihrer Familien. Trefflicher kann man das gar nicht beschreiben. Meine Mutter hatte keine Ausbildung. Damals war das für Mädchen in einer jüdischen Familie nicht üblich. Sie hatte sich das Lesen und Schreiben selbst beigebracht. Sie hat sogar die Gebetbücher gelesen. Es gibt einen Satz, der sich mir in der Erinnerung an meine Mutter eingeprägt hat: Sie sagte oft: »A knip in di bak, di farb zol shtejn und wejter gejn.« Auf Deutsch heißt das: »Ein Kniff in die Backe; die Farbe soll stehen und weiter gehen.« Und das bedeutet: Man soll nicht jedem zeigen, wie es einem geht. Meine Mutter war in ihrer Jugend sehr schön. Mein Vater hatte sie in Davyd Gorodok gesehen. Er war dort als Soldat stationiert. Er hat sie gesehen und er ließ ihr keine Ruhe mehr. Die Eltern meiner Mutter waren gar nicht besonders begeistert. Warum? Weil er Soldat war. Aber er hat sie gewissermaßen bestochen. Er hat ihnen mit Proviant ausgeholfen und so hat er sich ihre Zustimmung erkauft. In jenen Zeiten wollte man keinen Soldaten zum Schwiegersohn und schon gleich gar nicht einen solchen Luftikus, wie mein Vater einer war. Mein Vater ist in Mińsk Mazowiecki östlich von Warschau in der Woiewodschaft Masowien auf die Welt gekommen. Es war eine große Familie: Da waren die Eltern und fünf Geschwister, der Vater war Rabbiner. Sie wurden fast alle umgebracht. Die genaue Geschichte ist uns nicht bekannt. Bis auf eine Episode: Mein Großvater hat, als die Deutschen zu meinen Großeltern kamen und sich an meiner Tante vergreifen wollten, sich ihnen entgegengestellt. Man hat ihn auf der Stelle umgebracht. Was mit den anderen passiert ist, wissen wir nicht. Überlebt hat niemand.

Nach ihrer Heirat lebten meine Eltern bis zu unserer Flucht in Pinsk und bekamen zusammen acht Kinder. Ich habe meine Schwester Regina vor einiger Zeit gefragt, wie unsere Wohnung in Pinsk ausgesehen habe, wie viele Zimmer wir gehabt hätten? Regina lachte herzlich: »Zimmer? – Wir haben ein großes Zimmer gehabt, darin haben wir gegessen und geschlafen und Vater hat darin auch gearbeitet.« Im Sommer sei es leichter gewesen als im Winter, erzählte sie mir. Im Winter hat sich nämlich das ganze Leben in diesem einen Zimmer abgespielt. Und die Winter waren elend lang und kalt in Russland. Wenn mein Vater nicht als Schuster gearbeitet hat, hat er Fische gefangen im Pripjet. Meine Schwester Bronia und er haben am Ufer einen Bretterverschlag gebaut und dort die gefangenen Fische gehalten, bis sie verkauft wurden. Kunden waren vor allem Juden, die Fische für den gefüllten Fisch (Karpfen) zur Sabbatfeier gekauft haben. Im Sommer hat mein Vater eine Obstwiese gepachtet. Das gute Obst wurde verkauft, vom Fallobst hat sich die Familie ernährt. Meine Schwestern gingen vor dem Krieg in Pinsk zur Schule. Erst auf eine russische und nach dem Ersten Weltkrieg, als Pinsk zu Polen gehörte, auf eine polnische Schule. Deshalb steht in meinem israelischen Pass beim Geburtsort: Pinsk, Polania.

Es war von Anfang an kein einfaches Leben, das meine Eltern führten. Nach dem Krieg trug das gemeinsam Durchgestandene nicht dazu bei, meine Eltern noch mehr miteinander zu verbinden. Mein Vater war ein Mann, der die Frauen liebte, und Treue war nicht unbedingt das, was seinem Charakter entsprach. So zerbrach die Ehe meiner Eltern.

Ich gebe niemandem die Schuld für mein Leben. Es hätte aber vielleicht doch anders ausgesehen, wenn die Familie zusammengeblieben wäre. Aber meine Eltern ließen sich nun mal scheiden. Meine Mutter war von da an nahezu ausschließlich bei meinen Schwestern. Fast immer war sie mit deren Kindern beschäftigt und half im Haushalt. Wahrscheinlich wollte sie sich vom Verlust ihres Mannes ablenken. Ich habe meine Schwestern oft besucht und es war schön, mit meinen kleinen Nichten zu spielen oder im Kasprowicza-Park im Winter mit ihnen Schlitten zu fahren. In diesem Park gab es viele Hügel und wenn Schnee gefallen war, konnten wir dort Schlitten fahren. Wenn ich mit dem Kinderwagen unterwegs war, brauchte ich keinen Schlitten. Ich habe mich auf den Kinderwagen gelegt und so sind wir runtergerutscht. Ich hatte mehr Glück als Verstand gehabt, dass dabei nichts passiert ist.

Seit dem Auszug meines Vaters konnte ich gehen, wohin ich wollte, und nach Hause kommen, wann ich wollte. Zu Hause konnte ich machen, was ich wollte: Unsere Wohnung wurde zu einem regelrechten Jugendtreff. Ich fühlte mich plötzlich noch erwachsener, dabei war ich noch ein unreifer Teenager.

Am meisten liebte ich als junges Mädchen das Ballett und die Schauspielerei. Unsere Ballettgruppe trat in verschiedenen Städten auf. Häufig in Breslau (Wrocław). Dort gab es auch ein jüdisches Theater und eine jüdische Schauspielerin, die berühmte Ida Kaminska. Sie wollte mich behalten und mich zur Schauspielerin ausbilden. Als meine Eltern dies erfuhren, war ihre Reaktion unmissverständlich: »Eine jüdische Tochter und Schauspielerin?« Auweia, damit wäre für sie das Unglück vollkommen gewesen. Für sie war es das Schlimmste, was eine jüdische Familie treffen konnte. Da halfen keine Bitten und auch keine Tränen. Mein Traum zerplatzte wie eine Seifenblase.

Es gab einen jüdischen jungen Mann namens Janek, der sehr in mich verliebt war. Er war Offizier in der polnischen Armee und hatte einen sehr aufrechten Charakter. Mit Erlaubnis meiner Eltern durfte ich mit ihm überall hingehen – zum Tanzen, ins Theater und auch zu seiner Familie. Janek nahm mich mit, selbst wenn er mit den Soldaten beim Ernteeinsatz war. Er trug immer meinen Theaterkoffer und las mir jeden Wunsch von den Augen ab. Er ging sehr verantwortungsvoll und absolut einwandfrei mit mir um. Janek war ein fantastischer Mensch. Leider war ich zu jung und zu dumm, um das zu erkennen. Alle dachten, er würde mein Mann werden, obwohl ich gerade mal 15 Jahre alt war. Da hatten sie nicht mit mir gerechnet. Ich wollte noch etwas anderes. Am liebsten etwas, das verboten war – das war Edek: ein Christ! Undenkbar in einer frommen jüdischen Familie, dass eine Tochter mit einem Christen daherkommt. Meine Mutter sagte immer: »Der ärgste Jude, nur kein Christ!«

Wir Kinder, vor allem wir Mädchen, machten keinen Unterschied zwischen Juden und Christen, und die verbotene Frucht war sowieso immer süßer. Die polnischen Jungs dachten genauso wie wir. Nur die Eltern hatten etwas dagegen. Ich bin sicher: die Eltern auf beiden Seiten.

Wir waren eine Clique jüdischer Mädchen und unsere Freunde waren keine Juden. Wir haben uns nicht als Jüdinnen empfunden, sondern als junge Mädchen. Von meinen Schulfreundinnen war mir die liebste Rachel. Sie war ein stilles Wasser, hatte es aber faustdick hinter den Ohren. Sie war als erste von uns schwanger, zum Glück hat sie der Mann geheiratet. Er hieß Michal und war der Bruder von Janek. Wir haben uns ausgemalt, dass wir Schwägerinnen sein würden. Doch es kam anders.

Mit Niunia war ich öfter zusammen. Ihre Mutter war berufstätig und so haben wir zusammen Hausarbeiten gemacht und typisch pubertäre Gedanken darüber angestellt, wer von uns sich schneller entwickelt. Auch Lena gehörte dazu. Von den Jungs war immer Jakov mein Favorit. Jakovs Mutter hatte mich immer gemocht und das blieb so bis zum Schluss. Sie war eine außergewöhnliche Frau. Sie lebte bis vor einigen Jahren. Ich habe sie in Israel besucht und obwohl sie fast hundert Jahre alt war, war sie geistig fit.

In unserer Straße gegenüber wohnten meine polnischen (katholischen) Freundinnen: Zosia und Krisia – sie waren bei mir und ich bei ihnen. An Weihnachten hat mich Krisia sogar zur Messe mitgenommen. Sie war auch bei mir an den jüdischen Feiertagen. Sie war es schließlich, die mir ein Alibi verschaffte, damit ich mich mit den polnischen Jungs treffen konnte. Meine Mutter glaubte nämlich, ich wäre in der Zeit bei ihr. Eines Tages habe ich mich ihr anvertraut, dass ich einen polnischen Jungen treffen wolle. Sie verriet es Janek. Als ich meinen christlichen Freund Edek am Bahnhof in Stettin abholen wollte, war die Überraschung groß, denn um die Ecke sah ich plötzlich Janek. Das Treffen war damit ins Wasser gefallen. Ich war um eine Erfahrung klüger geworden: Wenn man etwas Verbotenes tut, muss man die Klappe halten.

Edek hatte ich an der Statistischen Schule kennengelernt und ihn sofort ins Herz geschlossen. Er war meine Jugendliebe. Als in der Schule ein Ball stattfand, trug jedes Mädchen und jeder Junge gut sichtbar eine Papierblume am Kragen. Ich hatte eine gelbe Blume mit einer Nummer. Man konnte einander schreiben oder sich zum Tanzen auffordern. Ich habe mir so sehnlichst gewünscht, dass Edek mich zum Tanzen einlädt, und so kam es auch. Ich war sehr glücklich, aber nicht lange. Das Furchtbare war nun mal, er war ein Goj. Es wäre der Weltuntergang für meine Eltern gewesen, hätten sie das erfahren. So hielt ich es geheim, bis ich mir erlaubt habe, Janek sitzenzulassen und mit Edek auszugehen. Da blieb Janek nichts anderes übrig, als es meinen Eltern zu sagen.

»A BROCH!« – schrie meine Mutter und zum ersten Mal wollte sie mich schlagen. In unserem Wohnzimmer stand ein großer Tisch. Mit dem Küchenhandtuch hat meine Mutter versucht, mich zu packen und zu verhauen, aber ich war schneller. Die arme Frau war schrecklich wütend und der blöde Janek hat meine Mutter auch noch gebeten, mich nicht zu schlagen. Hätte er nicht einfach den Mund halten können? Jetzt war alles zu spät! Und das war gar nicht lustig. Denn nun ging es richtig los. Meine Eltern versteckten meine Kleider und sperrten mich ein. Zum Glück wohnten wir Parterre und ich konnte durch das Fenster flüchten.

Edek war Radrennfahrer und wir trafen uns im Kasprowicza-Park. Dort gab es viele Bänke für Verliebte zwischen den wunderschönen Blumenrabatten.

Die Bänke stehen noch heute da. Es wäre schön, wenn sie sprechen könnten! Ich war dort während einer meiner vielen Besuche in Stettin in den letzten Jahren und schwelgte in Erinnerungen.

Tja, und dann waren Edek und Janek vergessen – von einem Tag auf den anderen. Denn ich lernte Henek kennen. In dem Moment, als dieser Mann in mein gerade einmal sechzehnjähriges Dasein eintrat, begann der größte Schlamassel meines Lebens.

Heneks Bekanntschaft machte ich nur, weil ein anderer ihn bewusst und aus an sich recht niedrigen Beweggründen in mein Leben führte. Wir hatten für eine kurze Zeit, als alle Kinder aus dem Haus waren, einen Untermieter mit Namen Ignac, der mich heiraten wollte, aber er war ein alter Socken. Er wollte mich verführen, was ihm jedoch nicht gelang. Aus Frust und wohl auch gekränkter Eitelkeit setzte er Henek, meinen späteren Mann, auf mich an. Der sollte nun versuchen, bei mir zu landen, und ich bin darauf reingefallen.

Henek war schön, charmant und er hat mir den Kopf verdreht. Beim ersten Kuss hat sich die ganze Welt um mich gedreht. Ich war verliebt bis über beide Ohren und habe nur noch ihn gesehen – keine Schule, keine Freunde, keine Eltern und keine Geschwister. Es war ein unbeschreibliches Gefühl, das nur der nachempfinden kann, der so verliebt ist, wie ich es war, und noch dazu in dem Alter. Henry oder Henek, wie man ihn in Polen gerufen hat, war in meinen Augen der schönste und großartigste Mann der Welt. Er konnte immer so schön lachen und Geschichten erzählen. Das hat mir damals sehr imponiert. Ich war ein Kind von sechzehn und einem halben Jahr. Seit ich ihm begegnet war, hatte ich das Gefühl, ich hätte Flügel und die ganze Welt gehöre mir. War das Liebe? Ja, das war Liebe. Aber mehr von meiner Seite. Ich bin sicher, dass er mich auch liebgehabt hat – aber eben auf seine Art. Er war ein Mann, für den ich nicht die erste Frau war. Er kannte sich aus und wusste, wie man Frauen den Kopf verdreht. Mir hat er eine neue Welt eröffnet. Wir sind ins Kino gegangen und in Lokale zum Essen, zum Tanzen, wir besuchten Cabarets, gingen zum Boxen, zum Catchen, zum Fußball usw. Er war es auch, der mir das Rauchen beigebracht hat. Nach einem Monat hat er mich seiner Mutter vorgestellt. Das Kleid, das ich anhatte, um zu seiner Mutter zu gehen, war von meiner Freundin Pola geliehen. Ich wollte doch interessant und erwachsen aussehen, wenn ich vor seine Mutter und meine zukünftige Schwiegermutter trete.

Pola hat alles gewusst und mich auch unterstützt. Sie war nicht klüger als ich. Wir waren gleichaltrig und letztlich gleich naiv. Auch seinen Freunden hat er mich vorgestellt. Sie waren nicht besser als er. Doch das wusste ich zum damaligen Zeitpunkt natürlich nicht. Ich kam mir wie die Größte und die Klügste vor. Ich dumme Gans habe ihn auch meiner Familie vorgestellt. Das war eine Tragödie. Mein Vater wollte ihn umbringen, meine Mutter hat geweint. Meine Schwestern hatten Mitleid mit mir. Und ich sagte, dass er mich auf Händen tragen würde: »Ich versichere euch, dass ich ihn total verändere, und er wird ein anderer Mensch.« Und er hat mich auch auf Händen getragen – bis zum Fenster im vierten Stock und mich dann fallen lassen.

Da die ganze Familie gegen uns war, kam der Schlawiner auf eine Idee: Ich sollte einfach sagen, ich sei schwanger. Das war eine Lüge! Die Reaktion war so, wie er sich das vorgestellt hatte. Ich habe für diese Lüge schwer bezahlt und zahle noch heute.

Ich ging noch zur Schule. Es war somit klar, sobald das Schuljahr vorbei ist, würden wir heiraten. Alles andere wäre doch eine Schande gewesen: Eine jüdische Tochter, eine Juszkiewicz, bekommt ein Kind ohne Heirat, einen Bankert! Was werden die Leute sagen? O mein Gott, dann schon besser so einen wie gar keinen. Ein Treffen wurde vereinbart mit Henrys Mutter, wie es sich gehört. Es stellte sich heraus, dass sie kein Geld hatten und die Kosten für die Hochzeit an meinen Eltern hängenbleiben würden. Ihm hat das gar nichts ausgemacht. Ich wusste, dass meine Eltern alles bezahlen können, wir hatten genug. Die ganze Aussteuer, Bettwäsche, Bettbezüge, Geschirr, alles, was ein Brautpaar braucht, haben meine Eltern besorgt und bezahlt. Sogar die Ringe. Es waren sehr viele Gäste eingeladen: Man hat doch die jüngste Tochter, die „Mesinke“, ausgegeben.

Unsere Verlobung war am 25. Dezember 1956. Einen Monat später, am 26. Januar 1957, haben wir geheiratet. Für das Fest wurde eigens Schnaps aus 95-prozentigem Spiritus und Wischniak zubereitet. Das gesamte Fest spielte sich in unserer Wohnung ab. Die Hochzeit dauerte drei Tage und drei Nächte. Die Chuppa (der Traubaldachin) wurde im Hof unserer Wohnung aufgestellt. Gebäck und Brot hatte die Bäckerei Gerber von nebenan gebacken. Mein Hochzeitskleid war dasselbe, das meine Schwestern getragen hatte, ebenso der Schleier. Es wurden nur die Ärmel ein bisschen geändert. Von meinen

Freundinnen waren auf meiner Hochzeit meine Schulfreundinnen Gala und Rachel. Natürlich nahmen auch meine polnischen Freundinnen Zosia und Krisia aus der Nachbarschaft teil sowie alle jüdischen und nicht-jüdischen Freunde. Pola war an diesem Abend sehr beschäftigt: Das Ergebnis hat man neun Monate später gesehen.

Auch ein Fotograf hat nicht gefehlt, nämlich Wozniak s. A.. Die Freundschaft zu ihm ist mir bis zu seinem Tod erhalten geblieben. Er war ein wundervoller Mensch. Sein Fotogeschäft existiert bis heute auf der Roosevelt Straße in Stettin. In derselben Straße befand sich unsere jüdische Schule. Wozniak war ein Freund von Jankel und Jocha und hat auch schon die Hochzeiten meiner beiden Schwestern fotografisch festgehalten. Er war praktisch unser Familienfotograf.

Ich weiß, was ich jetzt schreibe, hört sich naiv an. Wenn ich mir im Nachhinein überlege, was ich mit meinem Mann durchgemacht habe, kann ich nicht begreifen, dass ein Mensch das alles überhaupt aushalten kann. Aber trotz allem ist in mir der Wunsch, ihn in Schutz zu nehmen. Vermutlich möchte ich ihn in all seiner Grausamkeit verstehen, möchte nachvollziehen können, weshalb er mir und unseren Kindern im Laufe der Jahre so viel Schaden und tiefe Wunden zugefügt hat. Was aus ihm geworden ist, war eine Folge des Krieges und der damit verbundenen Verfolgung der Juden. Auch wenn das nicht alles erklären oder schon gar nicht entschuldigen kann, war Henek letztlich ein vom Krieg Gezeichneter, ein labiler Mensch ohne die Fähigkeit zu echten menschlichen Beziehungen.

Henek war acht Jahre alt, als der Krieg ausbrach. Seine Familie lebte in Warschau in der Krochmalna Straße. Hier wohnte auch die Familie des späteren Nobelpreisträgers Jizchak Baschewis Singer. Er hat in seinen Romanen wunderbar beschrieben, wie die Juden in Warschau oder anderen Orten Polens lebten.

Als die Deutschen in Polen einmarschierten, wurde Heneks Vater zum Militär eingezogen. Seine Mutter blieb mit zwei Kindern zurück. Auf der Flucht vor den Deutschen war Henek plötzlich der Ernährer der ganzen Familie. Sein Vater ist während des Krieges verschollen. Henek war wie der Junge Gavroche: Er hat geklaut und mit allem, was zu bekommen war, gehandelt, nur um seine Mutter und seine kleine Schwester Stella zu versorgen. Was kann aus einem Jungen werden, der schon als kleines Kind durch existentielle Nöte zu Dingen gezwungen wird, die amoralisch sind?

Nach dem Krieg kamen die drei aus Russland, wo sie den Krieg überlebt hatten, nach Stettin. Seine Mutter war Schneiderin und gut in ihrem Beruf. Henek arbeitete als Maler in einer Werft im Hafen von Stettin. Es gab in der Familie keine Reichtümer. Das Leben hatte seine Mutter gezeichnet. Sie war ein schwieriger Mensch und auf eine für mich unangenehme Weise überheblich. Ihr Mann war während des Krieges keineswegs verschollen. Vielmehr haben wir später erfahren, dass er nach Israel ausgewandert war und dort eine neue Familie gegründet hatte. Angeblich hatte er seine Familie in Polen nach dem Krieg nicht finden können und das Land daraufhin verlassen. Als wir ihn sehr viel später in Israel trafen, hatte er zwei Kinder: Chayim und Batja. Ich mochte ihn. Er war humorvoll und sehr gut zu mir und meinen Kindern. Die zweite Frau von Heneks Vater war immer sehr freundlich zu mir und zu den Kindern. Wenn wir sie besuchten, war immer Essen in Hülle und Fülle vorbereitet. Sie haben uns oft besucht und Heneks Vater war stolz auf seine drei Enkel. Wir waren froh, den Vater in Israel zu haben. Die Idylle war allerdings nicht von langer Dauer: Der Mann konnte sich nicht zwischen seiner ersten und seiner zweiten Frau entscheiden; ich glaube, er wollte beide haben.

Unsere Auswanderung nach Israel

Wenige Monate nach unserer Heirat haben wir Polen verlassen. Bei der Hochzeit war ich noch nicht schwanger. Es hat aber nicht lange gedauert, bis ich es war, und wir standen vor einer Weltreise. Mir, die ich noch nie im Ausland gewesen war, erschien die Reise von Polen nach Israel wie eine Weltreise. Wir reisten über Prag und Wien nach Genua und von dort mit dem Schiff bis nach Haifa.

Mein Vater war bereits mit seiner neuen Familie nach Israel ausgereist. Meine arme Mutter musste mit uns fahren. Die Reisevorbereitungen waren ein Vergnügen, denn wir konnten mitnehmen, was wir wollten. Wir haben Teppiche, Kristallgeschirr, Silberleuchter, Silberbesteck, Bettwäsche und Daunendecken gekauft; einfach alles, was es zu kaufen gab – wir hatten ja die finanziellen Mittel. Andere Auswanderer, die nicht so viel hatten, haben sich angeboten, für uns Sachen im Container nach Israel mitzunehmen. Einen Teil davon haben wir nie mehr gesehen. Alles, was wir hatten, wollten wir verkaufen, damit wir uns in Israel behelfen konnten.

Unsere Reise zog sich über Monate hin und ich war im sechsten Monat schwanger. Meine Schwiegermutter und Heneks Schwester waren auch mit von der Partie – auf die Stimmung hat sich das nur negativ ausgewirkt. Sie war von Anfang an vergiftet. Zwischen uns stimmte die Chemie nicht und egal, was ich auch tat, es war immer falsch. Irgendwann wusste ich überhaupt nicht mehr, wie ich mich verhalten sollte. Meine Mutter hat sich das alles schweigend angesehen. Auch Henek ging nicht besonders liebevoll mit mir um. Seine Mutter hat das alles gesehen, aber sie hat nicht geschwiegen – sie fand sein Verhalten keineswegs unpassend, denn für sie war immer ich an allem schuld.

Mich hat ständig die Frage gequält, ob das Leben so ist, wenn man versucht, lieb und angepasst zu sein. Meine Mutter wollte ich mit meinen Sorgen nicht belasten und habe alles in mich hineingefressen. Mein Mann hat die ganze Zeit versucht, mich so zu erziehen, wie er mich haben wollte. Ich durfte nichts tun, ohne ihn zu fragen. Ich war wie eine Gefangene und mit ihm ein vernünftiges

Gespräch zu führen, war schlicht unmöglich. Von seiner Mutter kam stets der gleiche Kommentar: »Der Mann hat das Recht, alles zu sagen und zu tun«, könnte man hinzufügen.

Es ist genau das eingetroffen, was meine Mutter befürchtet hatte. Ich war kreuztodunglücklich. Henek ging, wohin er wollte. Er kam, wann er wollte, und ich musste ihm zur Verfügung stehen, wann immer er wollte. Auf dem Schiff besserte sich die Situation ein wenig, denn da waren sehr viele Menschen. Die meisten wurden im Laufe der Schiffsreise seekrank. Außer mir und meiner Mutter lagen die meisten mit Übelkeit darnieder. Mir ging es gut, ich konnte alles essen und das Personal hat mich verwöhnt.

Ich war begeistert von den Sonnenauf- und -untergängen auf dem Meer. Jeden Morgen und Abend stand ich an Deck und beobachtete, wie sie auf- und wieder unterging.

Wir erreichten Israel im August 1957. Ich konnte bei dieser Hitze fast nicht atmen. Wir waren solche Temperaturen nicht gewöhnt. Haifa zu sehen, war wunderschön. Kaum waren wir angekommen, warnten uns Leute, nicht in den Negev zu fahren. Wir konnten nicht entscheiden, wo wir in Israel wohnen wollten. Vielmehr wies man uns an, wo wir zu wohnen hatten, und zwar in Naharija Trumpeldor in der Nähe der libanesischen Grenze. Es handelte sich dort um eine neue Siedlung, konkret um eine einzige Straße: rechts und links Häuser, alles Neubauten. Die Wohnungen waren noch nicht fertig. So lebten wir erst mal in einem Blechkasten, der aussah wie ein Gartenschuppen. Im Innern dieser Behausung fühlte man sich bei der Gluthitze, als ob man gebraten würde. Es war schon nach kurzer Zeit klar, wir brauchten eine andere Bleibe. Wir mieteten uns bei Bekannten für den Übergang ein Zimmer.

Meine Schwester Jocha nahm unsere Mutter zu sich. Jocha war schon einen Monat zuvor in Israel angekommen und wohnte in Nachalat Jehuda bei Rischon Le-Zion. Mich hat man schließlich zu meiner Schwester Regina nach Dimona geschickt. Niemand wollte, dass ich ein Kind bei fremden Menschen bekommen sollte.

Als alle Formalitäten erledigt waren, hatten wir jeweils ein Zimmer: meine Schwiegermutter und ihre Tochter und mein Mann und ich. Sie waren bei verschiedenen Bekannten und selbstverständlich gegen Bezahlung. Als schließlich organisiert wurde, wo und wie wir zukünftig leben sollten, war ich schon in Dimona. Mein Mann und seine Mutter entschieden ohne mich, dass wir eine gemeinsame Wohnung nehmen würden. Für die zweite Wohnung, die uns eigentlich zugestanden hätte, nahmen sie das Geld. Ich war erschüttert, als ich später von dieser Entscheidung erfuhr. Das Geld war schnell verbraucht. Ich aber musste nun mit meiner Schwiegermutter zusammenwohnen.

In Dimona bei meiner Schwester Regina habe ich mich wohlgefühlt. Es gab dort ein paar Baracken und ein Einkaufszentrum, das einzige weit und breit. Mein Schwager Henek hatte dort Arbeit gefunden. In Dimona gab es nur wenige Häuser, aber viele Menschen aus verschiedenen Ländern. Eines hat uns jedoch verbunden, dass wir alle Juden waren. Am Anfang konnten wir uns nicht einmal untereinander verständigen: Wir sprachen Jiddisch und sie Arabisch. Mein Schwager, der nur das Hebräisch der Gebete kannte und dies auch so aussprach, wie es die Aschkenasen in Polen tun, sollte eines Tages Milch holen. Im Laden sagte er, er wolle „chúleff" (statt israelisch-hebräisch „chaláv") haben. Natürlich verstand der Verkäufer ihn nicht, bis er schließlich seine Hände an die Stirn hielt und »Muh« schrie!

Nachdem wir alle Hebräisch gelernt hatten, ging es leichter. Nach Israel kamen in jenen Jahren Juden aus aller Herren Länder: aus Marokko, Algerien, Ägypten und noch aus anderen arabischen Ländern und wir aus Europa, aus Polen, Rumänien, Ungarn usw.

In Israel wurde ein Riesenexperiment gewagt, das gelungen ist: das Zusammenleben von Menschen aus verschiedenen Ländern der Welt. Das ging nicht von heute auf morgen. Es hat gedauert. Heute existieren nur mehr wenige Unterschiede. Viele Familien sind gemischt. Die Herkunft spielt im Grunde keine entscheidende Rolle mehr.

Dimona lag in der Wüste. Der Bus kam zwei Mal am Tag. Im Laufe der Zeit gelang es mir, neue Freunde zu gewinnen. Ich war jung und schwanger und allein, aber nicht einsam. Zum Tanzen bin ich noch mit meinem dicken Bauch gegangen und habe sogar Rock'n Roll getanzt. Ich konnte mit meinen neuen Freunden über meine Ehe sprechen. Das tat mir gut. Ansonsten lernte ich einige lebenswichtige Dinge, von denen die verwöhnte Tochter keine Ahnung gehabt hatte. Mein Schwager zeigte mir, wie man einen Fisch ausnimmt und ein Huhn. Dafür bin ich ihm noch sehr lange dankbar gewesen. Fast vier Monate war ich in Dimona, mein Mann hat mich nicht einmal besucht. Er lebte wie ein

Pascha und vergnügte sich – wie immer. Ich fehlte ihm nicht. Er hatte Freunde und Freundinnen, seine Mutter hat ihn versorgt und seine Schwester für ihn geputzt. Als meine Wehen einsetzten, brachte man mich nach Be'er-Schewa ins „Soroka-Krankenhaus". Die Geburt dauerte drei Tage, weil ich so jung war. Der Arzt sagte zu mir, ein Kind bekomme ein Kind. Er hatte Mitleid mit mir. Meine Schwester Regina kümmerte sich um mich und ließ mich keine Sekunde aus den Augen. Sie kam und holte mich mit dem Kind vom Krankenhaus ab. Zu Hause angekommen, wusste ich gar nicht, wie man mit einem so kleinen Baby umgehen soll. Meine Schwester Regina und ihr Mann Henek haben mir alles beigebracht. Nissele war fantastisch. Er aß und schlief. Er war ein problemloses Baby. Alle waren um mich und mein Baby besorgt – nur mein Mann hat sich Zeit gelassen. Erst zwei Wochen nach der Geburt tauchte er wie aus dem Nichts als der liebende Gatte auf. Als ich ihn sah, war ich selbstverständlich wieder im siebten Himmel. Wir traten gemeinsam mit unsrem Sohn Nissan die (Rück-) Reise ins „Gelobte Land" zur Schwiegermutter an.

Die Freude war groß, die Vorbereitungen zu Brit Mila (Beschneidung) und zu ihrer Feier standen an. Meine Familie kam zum Fest und ich war wieder wie in Trance.

So lebten wir nun zusammen: meine Schwiegermutter, die Schwester meines Mannes, wir beide und unser Kind. Im ersten Zimmer unserer Wohnung standen zwei Betten und ein Kinderbett. Alle Zimmer waren ohne Türen. Im zweiten Zimmer standen ebenfalls Betten. Gekocht haben wir auf einem Kocher, Ptilia genannt. In einem Kessel haben wir Kinderwindeln und unsere Wäsche gewaschen. Es war sehr improvisiert und ohne Komfort. Wir hatten drei kleine Zimmer in einem zweistöckigen Haus. Unten wohnten Juden aus Marokko, dem Irak und oben aus Polen. Alle unterhielten sich in den Sprachen jener Länder, aus denen sie gekommen waren. Die gemeinsame Sprache sollte Hebräisch sein, aber niemand hat sie beherrscht. So konnten wir uns schlecht verständigen. Wir waren auch kulturell sehr verschieden, nicht nur durch die Sprache, sondern auch was unsere Kleidung und die Speisen anging.

Naharia Trumpeldor war berühmt, weil dort, gleich nach der Entstehung des Staates Israel, Jeckes gewohnt hatten. Jeckes nannte man die Einwanderer aus Deutschland. Es war insofern kein Wunder, dass es hier ein Theater und ein Kino gab, wovon wir öfter Gebrauch machten. In Trumpeldor war es wie in Polen. Lediglich das Wetter war anders. Es waren viele Bekannte aus Stettin dort ansässig geworden. So kam das soziale Leben in Gang und die Einladungen häuften sich. Wir hatten oft Gäste. Wir hatten ja ein kleines Vermögen mitgebracht, das allerdings sehr schnell immer weniger wurde. Wir haben einfach ständig etwas verkauft, wenn wir Geld brauchten oder wir ließen anschreiben.

Heneks Schwester Stella war vier Jahre jünger als ich und sie mochte ihren Neffen. Eines Tages waren meine Schwiegermutter, mein Mann und ich ins Theater gegangen. Stella war mit Nissele zu Hause geblieben. Nach unserer Rückkehr weinte Stella. Ich war irritiert und besorgt. Als sich die rätselhafte Situation auflöste, musste ich von Herzen lachen. Stella hatte geweint, weil sie schlafen, Nissele aber unbedingt mit ihr spielen wollte. Die Geschichte hat noch lange nachgewirkt. Stella hat einen netten Mann namens Tolek geheiratet und die beiden sind bis heute ein glückliches Paar mit zwei lieben Kinder, Pesia und Rosa. Sie leben alle in einer großen Familie nebeneinander und das gefällt mir. Jeden Sabbat sind die Kinder mit ihren Kindern bei ihren Eltern – es ist eine vorbildliche (jüdische) Familie. Den Kontakt zu Stella habe ich nach meiner Scheidung von meinem Mann nie verloren. Sie konnte das eine immer vom anderen trennen.

Das Schönste für mich war in jenen Jahren mein Kind. Es war so süß und schön. In meiner Ehe ließ ich vieles geschehen, denn ich wollte unserem Kind den „Vater" nicht wegnehmen. Ich blieb bei meinem Mann und ich ertrug meine Schwiegermutter. Als ich jedoch realisierte, dass Henek unser Kind Nissele gar nicht interessierte, war das zu viel für mich, denn für mich war in seinem Herzen auch kein Platz. Das war alles so menschenunwürdig, dass ich nach einer kurzen Zeit mit Hilfe meiner Schwester Jocha und einer ihrer Bekannten mein Kind und ein paar Sachen genommen habe und abgehauen bin. Zum ersten Mal bin ich bewusst von meinem Mann weggegangen. Für mich war das eine große Leistung.

Es hat aber nicht lang gedauert, da kam er wie ein begossener Pudel anmarschiert und versprach mir hoch und heilig, er werde sich bessern, so etwas komme nie wieder vor, und ich habe ihm wieder geglaubt. Als ich meiner Schwester und meiner Mutter mitteilte, ich würde zu ihm zurückgehen, schwiegen sie. Sie hätten mich sowieso nicht abhalten können und das war beiden klar. Und ein wenig hofften sie vielleicht, dass Henek eingesehen hatte, dass er jetzt nicht mehr nur Ehemann, sondern auch Vater war.

Natürlich war bei meiner Schwester zu leben auch schwierig gewesen. Auf Dauer hätte ich wohl nicht bleiben können. Denn die Wohnung meiner Schwester hatte nur drei Zimmer, in denen lebte sie mit ihrem Mann, den beiden Töchtern und unserer Mutter. Für mich und Nissan war im Grunde kein Platz. Als ich schließlich wieder zu Hause war, ging es eine Zeit lang gut. Doch bald ging das Spiel von vorne los. Und es wurde noch schlimmer. Das habe ich nicht ausgehalten. Wieder kam meine Schwester Jocha mit einem Freund und wieder habe ich meine Koffer gepackt und bin weg. Diesmal habe ich mich besser eingerichtet und eine Arbeit gefunden. Meine Mutter war damit einverstanden, auf meinen Sohn aufzupassen, während ich Geld verdiente. Ich hatte einen Stand mit Zigaretten auf einer Messe in Beth Dagan. Das war eine landwirtschaftliche Messe. Die Arbeit machte mir Freude und ich verdiente gut. Das Geld verwahrte ich immer in einem Koffer. Einmal bekam ich einen Schock, als ich Geld aus diesem Versteck holen wollte – es war keins da und ich dachte schon, dass es gestohlen worden sei. Als meine Mutter nach Hause kam, hat sich alles aufgeklärt. Sie hatte das Geld an einem anderen Ort versteckt. Diese Geschichte war lange ein Gesprächsthema in der Familie.

Meine Mutter hatte es nicht leicht mit ihren Enkelkindern, mit den drei Banausen, den Kindern von Jocha, Sabine und Corinne, und mit meinem Nissele. Sie hat sich rührend um die drei gekümmert. Ich war fest entschlossen, mir ein eigenes Leben aufzubauen, und fand neue Freunde. Ich ging ins Kino, ins Theater und habe wunderschöne Abende mit Freunden verbracht. Sogar ernsthafte Bewerber um meine Hand habe ich gehabt, ich wollte davon aber nichts hören. Und auf einmal kam Janek, mein Freund von Polen, der mittlerweile auch in Israel lebte. Er hatte gehört, dass ich meinen Mann verlassen hatte. Janek hat mich besucht, er sagte: »Ich liebe Dich noch immer und ein Kind ist kein Hindernis«. Das klang nach allem, was ich durchgemacht hatte, wie Musik in meinen Ohren. Er besuchte mich ein paar Mal. Das tat mir gut, aber es war nicht von langer Dauer. Mein Mann hatte wahrscheinlich über jemanden erfahren, dass ich einen Freund hatte, und es dauerte nicht lange, da stand er vor meiner Tür. Das Spiel ging von vorne los.

Als mein Sohn seinen Vater sah, schrie er vor Freude und mein Herz klopfte wieder. »Papa, Papa!« Und wieder ging die Bettelei los, er habe eingesehen, dass zusammen mit seiner Mutter kein Leben möglich sei. Ich habe wieder klein beigegeben. Heute schüttele ich mit dem Kopf. Ich war diesem Mann verfallen und es dauerte sehr, sehr lange, bis ich dieser zerstörerischen Verbindung den endgültigen Todesstoß versetzen konnte.

Wir mieteten uns also eine Wohnung neben meiner Schwester Jocha und meiner Mutter in Nachalat Jehuda bei Rischon le-Zion. Es war eine Zweizimmerwohnung. Toilette und Bad mussten wir mit der Nachbarin Rachel, ihrem Mann und ihren drei Kindern teilen. Die Zimmer waren nicht schlecht. Das Bad aber war nicht weniger als eine Katastrophe. Der Warmwasserkessel wurde mit Öl geheizt. Nach dem Bad kamen wir zwar gewaschen heraus, aber mit schwarzen Punkten vom Ruß.

In Nachalat-Jehuda lebte auch die Familie von meinem Schwager Jankel und seinem Bruder Schlomo und Mania mit ihren drei Söhnen. Schlomo hatte ein Taxi, das stand immer vollgetankt und auf Abruf bereit, um mich ins Krankenhaus zu fahren, als ich später wieder schwanger wurde; es gab damals keine andere Transportmöglichkeit, um ins Krankenhaus zu kommen. Nachalat–Jehuda war damals ein kleines Dorf, es gab vielleicht fünfundzwanzig Häuser und keine Beförderungsmittel – vor allem nicht in der Nacht. Es waren dort Plantagen von Zypressen und Avocados und es gab zwei Kaufläden, einen Kindergarten, eine Schule, eine Synagoge und heulende Schakale. Dennoch war die Ortschaft wunderschön. Wir hatten kein Geld. Zum Glück hatte meine Mutter ein paar Tausend US-Dollar von ihrer verstorbenen Schwester aus Amerika geerbt. Sie brauchte kein Geld. Also hat sie es unter ihren vier Töchtern und ihrem Sohn aufgeteilt. Anfangs wollte Sam alles haben, um für sich und angeblich auch für uns eine Existenz aufzubauen. Daraus ist nichts geworden. Meine Schwestern haben nicht zugelassen, dass er alles bekommt, und das war wahrscheinlich gut so. Mit dem Geld konnten wir uns ein paar anständige Möbel kaufen. Ein Sofa zum Aufklappen diente uns in der Nacht als Bett, im Kinderzimmer stand ein Kleiderschrank und im anderen Zimmer ein schönes Wand-Buffet, ein Tisch mit Stühlen und sogar ein Radio. Alles in allem konnten wir zufrieden sein. Mein Mann fand in seinem Beruf Arbeit und bald war ich auch schon wieder schwanger. Henek hat nicht lange gearbeitet. Sein

Vater hat ihm geholfen, meine Mutter hat geholfen und so ging es weiter. Unser Sohn Eli kam 1960 zur Welt. Er war ein goldiges Baby, blond wie ein Engel. Er war so lieb. Bei der Geburt hatte er Gelbsucht, was sehr dramatisch war.

Henek fand wieder eine Arbeit. Es ging irgendwie weiter. Richtig glücklich war unser Leben nicht. Später habe ich erfahren, dass mein Mann in diesen Jahren zahllose Verhältnisse mit Frauen hatte.

Eli war gerade neun Monate alt, als ich mit meiner Freundin zu meinem Frauenarzt ging. Wir kannten den Arzt noch aus Polen. In der Sprechstunde fragte er mich, ob ich seit der Geburt wieder einmal untersucht worden sei. Ich verneinte. Er untersuchte mich und schaute mich mit großen Augen an. Ob ich Spaß mit ihm mache, fragte er plötzlich, ich sei schon im fünften Monat schwanger. Eine Welt brach in mir zusammen. Wäre meine Freundin nicht gewesen, hätte ich mir auf dem Heimweg etwas angetan. Ich wollte nicht nach Hause gehen. Ich wusste doch, was mich erwartete. Zu Hause trat dann auch ein, was ich befürchtet hatte. Mein Mann tobte, wie ich dazu käme, schwanger zu sein, ich sei ja wahnsinnig. Ich bin tatsächlich fast wahnsinnig geworden in den kommenden Monaten. Ich dachte nicht an mich, nur daran, wie es jetzt bloß weitergehen sollte. Keine vier Monate später bekam ich das dritte Kind, meinen Sohn Avi. Als ich das Kind erblickte, habe ich nichts mehr bereut. Ich war unendlich glücklich und hätte die ganze Welt umarmen können.

Wie üblich habe ich bei der Brith Mila geweint, auch wenn ich natürlich wusste, dass jeder, der jüdisch geboren wird, das erdulden muss: Das ist unser Bund mit Gott. Es ist ja nur ein Moment, und der Mohel (Beschneider) macht es schnell. Am zweiten und dritten Tag ist nichts mehr zu spüren. Aber als Mutter leidet man mit und ist zugleich glücklich. Jede Beschneidung ist ein großer Moment für die ganze Familie. Danach das Essen und Trinken – wir hatten eine wunderbare Feier.

Mein Leben war nun davon geprägt, dass ich Hausfrau war, und mein Mann das Geld verdiente. Er war allerdings ein schlechter Verdiener und, sobald er Geld hatte, ging er mit seinen Freunden nach Tel Aviv, um sich zu vergnügen. Seine Versprechungen, sich zu ändern, waren und blieben leere Worte. Ich kam mir so minderwertig vor. Mit meinen drei kleinen Kindern konnte ich ihn praktisch nicht verlassen. In den 1950er-Jahren hat man sich als Frau auch in Israel nicht einfach so von seinem Mann getrennt. Das Familienbild und die Vorstellungen vom Leben einer Frau mit Kindern waren traditionell geprägt. Ich fühlte mich jedenfalls wie gelähmt und schämte mich vor meiner Familie. Häufig hatte ich keine Ahnung, wie ich ohne Geld den Alltag meistern und meine Kinder versorgen sollte. Manchmal stellte ich zwei Töpfe Wasser auf, wenn meine Mutter kam, damit sie nicht gleich merken sollte, dass ich nichts zum Kochen und keine Ahnung hatte, wovon wir uns ernähren sollten. Doch meine Mutter konnte ich nicht täuschen. Innerhalb einer Stunde hatte ich genügend Essen im Haus und konnte meinen Kindern eine Mahlzeit zubereiten. Meine Mutter hat sich für uns aufgeopfert. Das Lied „Eine jüdische Mama, es gibt nichts Besseres auf der Welt" passte genau zu ihr. Was hat diese Frau nicht alles erlebt? Ihre Kindheit in Russland, als Pogrome auf Juden noch an der Tagesordnung waren, zwei Weltkriege, die Scheidung, die Emigration nach Israel. Die Familie meiner Mutter war nach 1945 in alle Welt verstreut. Sie hatte vier Geschwister. Ein Bruder lebte in Kanada, ein weiterer Bruder sowie eine Schwester in den USA. Ein Bruder war mit seiner Frau und seinen beiden Kindern in Pinsk während des Krieges ermordet worden. Jedenfalls nehmen wir das an, denn wir hörten nie wieder etwas von ihnen nach dem Krieg. Ich habe den Bruder meiner Mutter aus Kanada kennengelernt, er kam nach Israel. Er erzählte eine unglaubliche Geschichte, die mein Vater mir später weitergab: Meine Großmutter hatte vor Ausbruch des Krieges Schiffskarten in die USA. Eigentlich waren sie für meine Mutter, also für uns bestimmt gewesen, doch meine Mutter mit ihrem guten Herzen gab die Karten ihrem Bruder. Damit entkam er gerade noch rechtzeitig dem Krieg. In Toronto baute er sich eine Existenz als Bäcker auf, um seine sechs Kinder zu ernähren. Sein Leben war sicher nicht leicht, aber es gab immerhin keinen Krieg. Die Schwester meiner Mutter lebte in New York und kam zu ziemlichem Reichtum. Angeblich führte sie ein Bordell. Sie hatte keine Kinder. Sie war es auch, die meiner Mutter das Geld vermacht hatte, das sie an uns Kinder verteilte.

Es war für meine Mutter sicher schon in Stettin schwer zu beobachten, wie mein Vater sich mit einer anderen, dazu noch deutlich jüngeren Frau ein neues Leben aufbaute. Das ging in Israel weiter, denn er, seine Frau sowie die fünf Kinder emigrierten ebenfalls und lebten in Kiriat-Gad. Hier waren vorwiegend Juden aus dem arabischen Raum ansässig, also Sefarden. Mein Vater eröffnete ein Fischgeschäft und konnte davon ganz gut leben. Sein Sohn

Izio, unser Halbbruder, hatte eine behütete Kindheit und ist ein sehr guter Kerl geworden. Er hat eine Frau namens Schosch aus Argentinien geheiratet, die aus dem Moschav Kochav stammte.

Wenn wir in den Genuss von Fisch kommen wollten, haben wir meinen Vater besucht. Er ist in Kiriat-Gad gestorben, während meine Mutter in den USA starb. Sie hatte Israel verlassen und bei meiner Schwester Bronia in den USA gelebt. Sie lebte am Ende ihres Lebens in Miami und starb dort 1975 an Krebs. Ich habe sie nicht mehr gesehen. Als ich erfuhr, dass sie sehr krank ist, wollte ich sie zu Pessach besuchen, weil ich dann Ferien gehabt hätte. Ich arbeitete damals als Kindergärtnerin in der jüdischen Gemeinde in Stuttgart. Leider konnte sie nicht mehr so lange auf mich warten. Sie starb vier Wochen zuvor an Purim. Am selben Tag und im selben Monat wie mein Vater – nur ein Jahr später. Ist das nicht eigenartig?

Das Telegramm von meiner Schwester Bronia mit der schlimmen Nachricht vom Tod meiner Mutter traf mich wie ein Blitzschlag. Denn ich war nach einer wunderbaren Vorstellung mit den Kindern des Kindergartens und einer sich anschließenden Feier mit den Eltern so vergnügt nach Hause gekommen. Ich war wie gelähmt, auch während der „Schiwa", der siebentägigen Trauer. Ich saß sieben Tage auf einem kleinen Stuhl, hatte die Spiegel verhängt, kein Radio, kein Fernsehgerät. Meine Freundinnen Marianne und Dora haben mich jeden Tag mit Essen versorgt, auch andere Freunde kamen mich besuchen. Ich bin mit der Situation, dem Tod meiner Mutter, nicht zurechtgekommen. Ich dachte, ich werde wahnsinnig. Ich habe das Schönste und das Beste verloren!

Die Idee nach Deutschland zu gehen

Nach Deutschland kam ich wegen meines Mannes. Er war es, der mich bat, ich solle bei meinem Bruder Sam anfragen, ob er uns helfen kann. Sam lebte in Deutschland. Es ging ihm nicht schlecht. Und als ich bei ihm anfragte, sagte er: »Kommt und arbeitet in Deutschland.« So kamen wir 1967 nach Deutschland. Für mich war es gar nicht so erfreulich, denn ich musste Israel verlassen. Ich fühlte mich in Israel sehr wohl, die Kinder gingen dort in den Kindergarten und in die Schule und mein Leben in Israel bedeutete auch, dass meine Verwandten um mich herum waren und mittlerweile auch viele Freunde. Ich hatte keine Ahnung, was mich erwarten würde, und diese Ungewissheit empfand ich als erschreckend. Wie sollte es gehen mit drei Kindern in einem Land, dessen Sprache weder sie noch wir beherrschten. Wieder eine neue Sprache lernen, wieder neu anfangen. Bei meiner Familie schlug das Vorhaben wie eine Bombe ein. Tja, und das größte Problem war, dass wir natürlich überhaupt kein Geld für die Ausreise hatten. Nach vielen und langen Debatten lieh sich mein Mann Geld und fuhr erst einmal alleine, um zu sehen, welche Möglichkeiten es überhaupt in Deutschland gab. Wir sollten dann mit dem ersten von ihm verdienten Geld nachkommen. Es lief mal wieder alles völlig anders. Mein Mann ist reingefallen wie eine Pflaume ins Kompott. Er sollte ein Nachtlokal betreuen. Das war für viele Juden nach dem Krieg eine lukrative Einnahmequelle: Nachtlokale, Kabaretts. Und während mein Mann bereits in Deutschland war, brach in Israel der Sechstagekrieg aus. Und ich mit meinen Kindern allein! Es war eine schreckliche Zeit. Unser Bunker war im Garten des Nachbarn – Bunker? Eine mit Sandsäcken gefüllte Hütte. Es war stockfinster, denn es gab darin kein Licht. In der Nacht war es gespenstisch. Am ersten Tag des Krieges waren wir fast jede Stunde im Bunker. Wir versuchten, uns die Angst nicht anmerken zu lassen wegen der Kinder. Zum Glück hat die israelische Armee am ersten Tag die ägyptische Luftwaffe ausgeschaltet. So konnten wir nachts wieder in unseren Betten schlafen, aber mit Bekleidung, um immer bereit zu sein wegzulaufen, aber wohin? Ich habe mir damals gesagt: »Wie gut, dass meine Kinder noch so klein sind; wenn sie mal groß sein werden, wird es hoffentlich in Israel keinen Krieg mehr geben.« Leider habe ich mich getäuscht. Ich bin kein Pessimist, aber an den Frieden zwischen Israel und den arabischen Völkern glaube ich immer weniger. Den Sechstagekrieg haben wir überlebt, aber wir mussten viele junge Menschen zu Grabe tragen. Darunter auch Beni Anbar, einen sehr netten, aufrichtigen jungen Mann, der sich um mich und meine Kinder gekümmert hat. Er ist leider gefallen in El Arisch auf dem Sinai. Sein Grab ist auf dem Friedhof in Jerusalem am Herzl Berg. Ich besuche es bis heute fast immer, wenn ich in Israel bin. Familie Anbar stammte aus dem Irak. Sie hatten eine Fabrik zur Herstellung von Toilettenpapier, in der ich früher gearbeitet hatte. Die Familie war reizend und viele Familienangehörige haben in der Fabrik gearbeitet, die in der Nähe unserer Wohnung lag. Dadurch konnte ich die Kinder aus dem Kindergarten und von der Schule abholen. Am Anfang unseres Aufenthaltes in Nachalat Jehuda habe ich in einem „Beit Ariza“ gearbeitet. Dort wurden Orangen verpackt. Die Tätigkeit war mir nicht so sympathisch, denn es musste alles schnell gehen. Ich stand am Fließband und meine Aufgabe bestand darin, die Orangen für den Export vorzubereiten.

Das Schönste in Israel waren die Abende, wenn die Kinder schliefen. Dann haben wir mit den Nachbarn bei Kaffee im Garten gesessen, miteinander diskutiert und Lieder gesungen. Manchmal aßen wir gemeinsam, manchmal spielten wir Karten. Das Kind eines Nachbarn wurde später ein berühmter Schauspieler in Israel, Sefi Riwlin. Er war schon als Kind und Jugendlicher ein Komiker und hat uns oft zum Lachen gebracht. Vor einigen Jahren habe ich ihn besucht und unter Tränen erkannte er mich nach Jahrzehnten sofort. Sprechen konnte er damals wegen einer Krankheit schon nicht mehr. Was für ein Schicksal für einen Künstler? Es war ein wunderbar geselliges Leben, man hatte nie das Gefühl allein zu sein, und ich denke gerne an die Zeit zurück. Wir hatten immer genügend Gesprächsstoff. Alle hatten Kinder und der Alltag bot genügend, worüber wir uns austauschten. Nur über das Wetter haben wir nie gesprochen. Das ist in Israel nämlich immer schön. Meine Haustür war nie abgeschlossen, nicht einmal bei Nacht. Im Hof gegenüber wohnte meine Freundin Tami. Sie war etwa in meinem Alter und noch nicht verheiratet. Meine direkten Wohnungsnachbarn waren die Griens, Rachel, ihr Mann und ihre drei Kinder Igal, Judith und Badie, mit ihnen teilten wir Bad und Klo. Da waren Reibungen vorprogrammiert, die aber nie wirklich eskalierten.

Die Familie Chowew, bei der wir die Wohnung gemietet hatten, waren nette Menschen, vor allem Chasia, die Mutter. Wenn meine Kinder geweint haben, hat sie sogar nach ihnen geschaut. Obwohl ich nun seit fast fünfzig Jahren aus Israel fort bin, kommen noch immer Freunde von damals zu Besuch.

Wenn jemand in Nachalat Jehuda zum Einkaufen ging, fragte man die anderen, ob jemand was dringend braucht, und hat es selbstverständlich mitgebracht. Wir halfen uns gegenseitig in jeder Lebenslage. Für die Kinder war es das reinste Paradies. Wir wussten, wo die Kinder sind und mit wem sie zusammen waren. Jeder kannte hier wirklich jeden. Grundkenntnisse der hebräischen Sprache habe ich auf einem Ulpan gelernt, das ist ein dreimonatiger Intensivkurs. Damit konnte ich mich verständlich machen und Zeitung lesen. Wirklich zu sprechen, lernte ich durch meine Kinder und die Nachbarn. Die literarische hebräische Sprache habe ich erst viel später in Deutschland gelernt.

Nach einem halben Jahr schickte mein Mann mir dann Geld, damit wir zu ihm kommen konnten. Die Mietwohnung in Israel habe ich nicht gekündigt. Ich dachte, mein Aufenthalt in Deutschland würde nur ganz kurz sein. Es ist anders gekommen.

Familie und persönliche Fotos

Foto 1 | von links unten: Mutter, Jocha, Mina, Vater; oben: Bronia, Regina und Sam.

Foto 2 | von links unten: Jocha, Sam, Mina; oben von rechts: Vater, Regina und Mutter.

Foto 3 | Großvater väterlicherseits.

Foto 4 | Meine Eltern.

Foto 5 | Ich.

Foto 6 | Meine Klasse in der Peretz-Schule. Ich bin die 4. von links in der obersten Reihe.

Foto 7 | Statistische Schule. Ich bin in der 3. Reihe von unten die dritte von rechts.

Foto 8 | Mutter, ich und Vater.

Foto 9 | von links: Klara, ich, Henek, Stella, mein Vater, Naftali, meine Mutter, Jankel, Sarele, Jocha, Lea, Regina und Henek.

Foto 10 | Familie von Kanada und New York.

Foto 11 | Mein Mann Henek.

Foto 12 | Chanuka in Stettin. Ich: zweite von links.

Foto 13 | Ich.

Foto 14 | von links: Mina, Janek, Regina, Henek, Jankel und Jocha.

Foto 15 | Nissan, Avi und Eli. Israel, Purim.

Foto 16 | Avi.

Foto 17 | Nissan.

Foto 20 | von links: Adam, Kerl, Gilda, Bronia und Mosche.

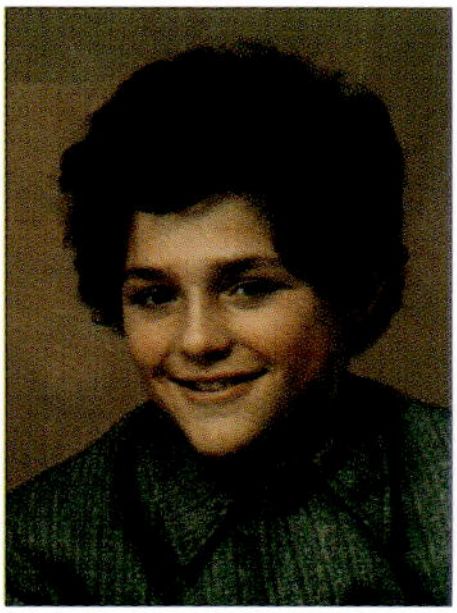

Foto 18 | Eli.

Foto 19 | von links: Eli, ich, Nissan und Avi. Auf dem Schiff nach Deutschland.

Foto 21 | Meine drei Söhne – Verastraße, Stuttgart.

Foto 22 | von links: Edith, Naftali, Klara, mein Vater und Nissan.

Foto 23 | von links:
Bronia, ich, Regina und Jocha.

Foto 24 | von links:
Henek, Lea, Stella und Tolek.

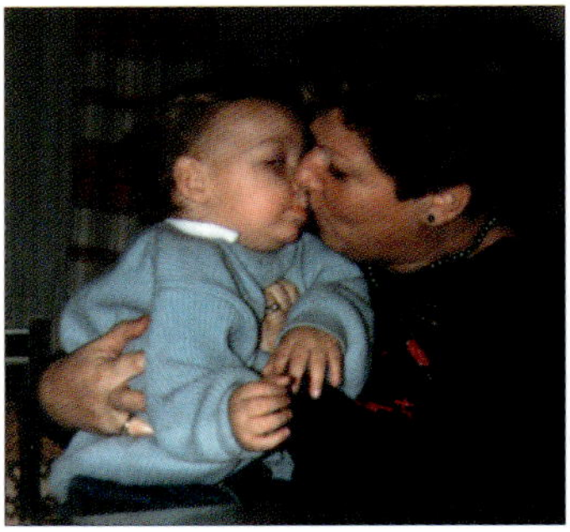

Foto 25 |
Enkel Daniel und ich.

Foto 26 |
Meine Enkelin Lea.

Foto 27 |
Mein Enkel Samuel.

Foto 28 |
Meine Enkelin Jessica.

Foto 29 |
Mein Enkel Daniel.

Foto 30 | Eli, Samuel, ich, Lea und Avi.

Foto 31 | Nissan.

Foto 32 | von links: Klara, ich, Jossi, Jessica und Samuel.

Foto 33 | von links: Jessica, Larissa, Eli und Samuel.

Foto 34 | von links: Ich, Jack, Gilda, Sabin, Gilles, Jocha und Jankel.

Foto 35 | von links: Ich, Schosch, Izio und Jocha.

Foto 36 | von links: Chaim, Nissan und ich.

Foto 37 | Pola und ich.

Foto 38 | Kindergartengruppe, Dagmar und ich.

Foto 39 | von links: Natascha, ich, Sekretärin, Lena. Oben von rechts: Meir, Michael und Izio.

Foto 40 | von links: Ania, Jadzia, Malgosia, Jacek, Gabrisia, der Winzer und Giovanni. Meine polnischen Freunde mit mir in Sizilien.

Foto 41 | von links: Glaitman, Engelhard, Sandberg, Gaterer, ich und Marianne.

Foto 42 | Tzipi.

Foto 43 | von links: Anita, Dieter Kast und ich.

Foto 44 | von links: Avi, ich und Meir (Makkabi).

Foto 45 | von links:
Ich, Pola und Itzig.

Foto 46 | Purim Ball 1988,
Brigitte Jenninger (rechts) und ich.

Foto 47 | von links:
Ich und Lodzia.

Foto 49 | Erbprinz Bernhard von Baden
und ich, Ausstellung in Schloss Salem.

Foto 48 | Der Bürgermeister von Haigerloch,
Roland Trojan, Petra und ich.

Foto 50 | Meine Kollegen der Kunstakademie Esslingen.

Foto 51 | von links: Helga, Marianne, Miriam, Doris und ich.

Foto 52 | von links: Ich, Dorith, Liane, Conni, Róża und Judith.

Foto 53 | von links: Jehuda, Larissa, Frau Isaack und ich.

Foto 54 | Frau Hedwig Brenner und ich.

Foto 55 | Ich in meinem Atelier.

Foto 56 | Meine gemalten Werke in der Europäischen Kunstakademie in Trier.

Den Wind kann man nicht ändern,
aber man kann die Segel anders setzen!

– Aristoteles

Deutschland

Natürlich hatte ich aus Erzählungen von Freunden und Verwandten viel über Deutschland gehört. Ich hatte Vorstellungen von diesem Land und als Jüdin konnte ich mir überhaupt gar nicht vorstellen, hier zu leben. Es war nicht einfach für mich, nach Deutschland, in das Land der Täter zu kommen. Und es war schwer, Israel zu verlassen. Von Haifa ging die Reise los. Fast alle Familienmitglieder waren gekommen, um sich zu verabschieden. Es war ein Erlebnis für uns. Auf dem Schiff waren viele junge Juden aus der ganzen Welt. Sie waren nach Israel gekommen, um während des Sechstagekrieges zu helfen. Es war eine internationale Gesellschaft an Bord und es boten sich viele Möglichkeiten, ins Gespräch zu kommen. Den Kindern war es nie langweilig und mir auch nicht. An den Abenden, wenn meine Jungs geschlafen haben, ging ich an Deck. Es war wie in Israel. Hier versammelten sich die Leute, manche spielten Gitarre, andere haben gesungen und ich auch. Ich fühlte mich so wohl und genoss es, dass so viele verschiedene Menschen sich so gut miteinander verständigen konnten. Als wir in Marseille ankamen, stand mein Mann mit seinem eigenen Auto am Hafen und mein Bruder Sam war auch dabei. Die Fahrt nach Deutschland war schön. Die Landschaft hat mich an mein geliebtes Land Polen erinnert.

Wir kamen in Frommern bei Balingen an. Mein Mann führte mich zum „Hotel Europa". Im Hotel befand sich auch eine Diskothek. Bei einem kurzen Rundgang wurde mir alles gezeigt: die Küche, die Zimmer, das Lokal. Dann erklärte mir mein Bruder, dass ich hier ab jetzt mitarbeiten sollte. Mitarbeiten hieß de facto: Ich sollte das Lokal führen. Ich sollte das Personal in seine Aufgaben einweisen und alles organisieren. Ich dachte nur, wie soll das gehen? Ohne Deutschkenntnisse oder auch nur den Hauch einer Idee, wie man ein Lokal führt? Eine Woche durfte ich zusehen und dann schmiss mein Bruder mich ins kalte Wasser. Es gab im Hotel einen Bauernjungen namens Hans, der war zuständig fürs Einkaufen und füllte die Kühlschränke auf. Dann gab es eine Frau, die sollte alles putzen. Sie war allerdings ständig betrunken und ich hatte Mitleid mit ihr. Eine kurze Zeit hatte ich auch eine Frau für die Kinder, die sie morgens versorgte, denn ich kam erst ins Bett, wenn alle Gäste gegangen waren und ich abgerechnet hatte. Zu dem Zeitpunkt hat oft schon der Hahn gekräht.

Meine Kinder fanden schnell Kontakt zu anderen Kindern. Kinder verstehen sich immer irgendwie, auch wenn sie nicht dieselbe Sprache sprechen. Sie gingen dann auch zur Schule und begannen, Deutsch zu lernen. Aus der jüdischen Gemeinde kam jede Woche ein Lehrer, der mit ihnen Hebräisch lernen sollte. Hebräisch konnten sie aber schon. Auf meine Bitte hin hat er mit ihnen mehr Deutsch gelernt, damit sie in der Schule schneller den Anschluss finden und sich verständigen konnten. Ich konnte erstaunlich schnell recht viel verstehen. Das lag daran, dass ich Jiddisch beherrschte, das aus dem Mittelhochdeutschen entstanden war.

Im 14. Jahrhundert, als die Pest eingeschleppt wurde, hatte man die Juden verdächtigt, die Brunnen vergiftet zu haben. Es kam zu brutalen Ausschreitungen und Juden wurden zu Hunderten erschlagen oder verbrannt. Nur jene, die zum Christentum übertraten, konnten sich retten. Viele Juden aus dem deutschen Raum flohen nach Polen, wo König Kazimierz Wielki (Kasimir, der Große, 1310-1370) ihnen Schutz anbot. Die Juden brachten ihre Sprache mit, die sich im Laufe der Jahrzehnte mit dem Polnischen und dem Hebräischen der Synagoge vermischte, und so entstand, sehr verkürzt gesagt, die jiddische Sprache. Und mit dieser Sprache bin ich aufgewachsen. Es fiel mir also leicht, Deutsch zu verstehen, und ich lernte recht schnell, ein Hotel inklusive Diskothek zu führen. Am Tag kümmerte ich mich um die Übernachtungsgäste und am Abend um die Gäste, die sich in der Disco amüsieren wollten. Viele junge Leute kamen zum Tanzen. Am Morgen machte ich dann meinen Kindern Frühstück und schickte sie zur Schule. Es war ein volles Leben, mir wurde keine Sekunde langweilig. Sobald die Kinder außer Haus waren, kümmerte ich mich um die Bestellungen für das Lokal und das Hotel. Von den Angestellten wurde ich tatkräftig unterstützt. Nur einer hatte keine Lust zu helfen: mein Mann.

Die Landschaft auf der Schwäbischen Alb war wunderschön. Alles war so grün, es gab Berge und Blumen. Ganz anders als in Israel und mehr als in Polen. Leider konnte ich die Natur um mich herum kaum genießen, es gab einfach viel zu viel zu tun. Um auch am jüdischen Leben teilnehmen zu können, fuhren wir an den Feiertagen nach Stuttgart in die Synagoge. Als nach zwei Jahren die Pacht für das Hotel abgelaufen war, zogen wir nach Stuttgart. Es war extrem schwer, eine Wohnung zu finden. Aber wir fanden eine wunderschöne

Altbauwohnung mitten in der Stadt. Hier lebe ich noch heute. Meine Vermieter, die Gerhardts, hatten das Herz auf dem rechten Fleck. Mit drei Jungs, die schließlich hier auch ihre Pubertät erlebten, gab es durchaus mal Probleme. Ich war ständig auf der Arbeit und konnte die drei nicht jeden Moment im Auge haben. Da haben sie sich den einen oder anderen Unfug ausgedacht.

Unsere Vermieter hatten im Erdgeschoss des Hauses eine Metzgerei und Mutter Gerhardt hat regelmäßig mit meinen Jungs schimpfen müssen. Sie konnte aber nie lange böse mit ihnen sein und jeder bekam schließlich ein Brötchen mit Wurst. Mit dem Sohn von Gerhardts und seiner Frau war es ebenso gut. Einmal konnte ich meine Miete nicht bezahlen. Ich hatte einfach kein Geld und was haben sie getan? Sie haben ein paar Monate gewartet, bis ich zahlen konnte. Das macht auch nicht jeder mit. Mir hat damals die jüdische Gemeinde mit einem Darlehen unter die Arme gegriffen. So konnte ich die Zeit überbrücken, bis ich wieder Arbeit fand. Mittlerweile bin ich die Mieterin, die am längsten im Haus wohnt – fast fünfzig Jahre.

Stuttgart und die Jüdische Gemeinde

Die Stadt, in der ich den größten Teil meines Lebens verbracht habe, Stuttgart, ist im Schwabenländle gelegen. Sie ist sehr schön, in einem Tal gelegen, umgeben von Hügeln, Weinbergen und zahlreichen Grünanlagen. Sie entstand 950 unter Herzog Liutolf als Stutengarten. Bis heute genießen wir Stuttgarter die wunderschönen Parks der Stadt, den Neckar, die Mineralbäder. Wir sind mit einer Infrastruktur gesegnet, die sich sehen lassen kann. Vom Fenster meines Wohnzimmers kann ich auf die Stadt und auf die Grünanlage blicken. Ich sehe den Bahnhof und die neue Stadtbibliothek und mag es, wenn die Stadt abends hell erleuchtet vor mir liegt. Ich lade jedes Jahr zu einem „Tag der offenen Tür" in meine Wohnung ein, öffne mein Atelier für Besucher und lerne so viele Menschen kennen, denen Kunst am Herzen liegt. Ich lebe nicht nur gern in Stuttgart, ich fühle mich hier verwurzelt, eingebunden in eine Kreis von Freunden und Bekannten. Eine gewichtige Rolle in meinem Leben spielt die Jüdische Gemeinde. Nach dem Nationalsozialismus begann jüdisches Leben in Stuttgart in einem Haus in der Reinsburgstraße 26, das Juden, die die Konzentrationslager überlebt hatten, Zuflucht bot. Erst am 13. Mai 1952 wurde in der Hospitalstraße 36 die neue Synagoge feierlich eröffnet. Seit 50 Jahre bin ich Mitglied der Jüdischen Gemeinde in Stuttgart. Mittlerweile ist jetzt die dritte Generation in der Gemeinde aktiv. Es ist wie in jeder religiösen Gemeinde, egal um was für eine Konfession es sich handelt: es gibt immer gute und weniger gute Seiten, wir sind nicht immer alle einer Meinung. Aber Auseinandersetzungen gehören zum Leben, auch zum religiösen. Wir haben dennoch ein ausgeprägtes Zusammengehörigkeitsgefühl. Unabhängig aus welcher Region der Welt, aus welchem Land wir kommen, unser Religion verbindet uns alle. Bin ich in der Synagoge ist es jedes Mal ein höchst emotionaler Moment, wenn die Sonnenstrahlen durch die Fenster in die Synagoge strömen, im Raum ein besonderes Licht entsteht und das wunderschöne Gebet gesungen von Kantor Arie Moses und den Kahal am Schabat oder an Feiertagen erklingt mit unserem Landesrabbiner Netanel Wurmser.

Die Jüdische Gemeinde ist wie ein Hafen mit einen festen Anker. Es gibt eine Schule, einen Kindergarten und wir genießen alle das soziale und kulturelle Leben, das im Laufe der Jahre entstanden und immer vielfältiger geworden ist. Das alles ist sehr vielen Menschen zu verdanken: Henry Erenberg, Martin Widerker, Alfred Korn, Roman Madelbaum, Josef Warscher, Albrecht Issak. Hermann Wollach, Arno Fern, Mainhard Tenne, Marck Jontovsohn, Ivan Bergida, Fredie Kahn, Andreas Kleiman, und vielen anderen, die sich engagieren und denen jüdisches Leben wichtig ist. Natürlich tragen auch der Vorstand unter Barbara Traub, Michael Kaschi und Susanne Jakubowski erheblich dazu bei, dass wir heute wieder eine Gemeinde sind, die nach innen wie nach außen zeigt, dass Juden sich als Teil Deutschlands fühlen und ihr religiöses Leben auf Zukunft ausgerichtet gestalten.

Seit vielen Jahrzehnten hat jeder auf seine Art dazu beigetragen, dass die Gemeinde so viele Jüdische Einwanderer aus den GUS Statten integrieren konnte. Und diese Zuwanderung, das sollten wir nicht vergessen, war unser Glück, denn ohne sie gebe es wohl keine Gemeinde mehr. Jetzt werden diese Mitglieder gefordert, mitzuarbeiten, sie machen es mit viel Erfolg.

Die Erziehung meiner Kinder stellte mich in Deutschland vor Herausforderungen, von denen ich nichts geahnt hatte. In Israel war das kein Thema. Alles war normal, die Kinder lebten unter jüdischen Kindern, alle sprachen Hebräisch, die Feiertage waren in jeder Familie gleich, es gab schulfrei und alle Geschäfte waren geschlossen. In Deutschland war es anders. An einem jüdischen Feiertag gingen alle nichtjüdischen Kinder zur Schule, meine Kinder wurden entschuldigt. In der Ameisenbergschule in Stuttgart nahmen meine Kinder nicht am allgemeinen Religionsunterricht teil. Sie bekamen Unterricht in jüdischer Religion von israelischen Lehrern aus der jüdischen Gemeinde, die extra in die Schule kamen. Meine Kinder wussten, wer sie sind, und von ihrer Seite gab es keinen Anlass, sich nicht dazu zu bekennen, Juden zu sein. Das war aber nur eine Seite der Medaille. Denn was sie erlebten, zeigte, dass die andere Seite der Medaille eine hässliche Fratze hatte. Meine Söhne mussten immer wieder von Mitschülern hören, sie seien ja Juden. In den 1970er-Jahren in Deutschland als junger Jude aufzuwachsen, setzte ein dickes Fell im Umgang mit alltagsantisemitischen Ausfällen voraus. Die Ressentiments und judenfeindlichen Haltungen waren oft nicht auf den ersten

Blick zu erkennen, im Untergrund schwelte aber noch das Gift des Nationalsozialismus. Selbst wenn meine Söhne gelernt hatten, mit solchen Angriffen umzugehen, war für mich ein Punkt überschritten, als sich auch ein Lehrer auf antisemitische Art und Weise geäußert hatte. Das empfand ich als unerträglich. Ich wandte mich an unseren Rabbiner Dr. Bloch s. A.. Mit seiner Hilfe wurde der Lehrer von der Schule verwiesen. Zum Glück geschah so etwas nicht oft.

Für die jüdischen Kinder gab es vielfältige Angebote: z. B. Kinderlager im Sommer wie im Winter und meine Kinder haben daran teilgenommen. Die jüdische Erziehung meiner Kinder war die gleiche, die ich zu Hause bekommen hatte: Liebe, viel Verständnis und Geduld, die man leider nicht immer hat; jeder weiß das, das tägliche Leben fordert uns, und wenn man kein vermögender Mensch ist, muss man durch Arbeit dafür sorgen, ein anständiges Leben führen zu können. »Eine jüdische Mutter ist wie ein Deckel: Sie versucht alles zuzudecken, solange es in ihrer Macht steht.« (Auf Jiddisch sagt man das so: A mame iz a pokrishke: zi dekt tsu dem kinds chesroynes un dem mans bizyoynes; wörtlich übersetzt: Eine Mutter ist ein Deckel: Sie deckt die Fehler des Kindes und die Schande des Mannes zu).

Eine jüdische Mutter muss nicht immer in die Synagoge gehen, aber sie sollte jeden Freitagabend die Sabbatkerzen anzünden, Sabbatbrote backen, die „Challes“ und das Morgengebet aufsagen mit dem »Schma Yisrael Haschem Elokeinu Haschem Ächad«, auf Deutsch: »Höre Israel, der Herr ist unser G’tt, der Herr ist Einer.« Dieses Gebet hatte mir meine Mama beigebracht, noch bevor ich lesen und schreiben konnte. Mein Schicksal war, dass ich Mutter und auch Vater war, was die jüdische Erziehung der Kinder anbetraf, denn mein Mann wusste davon gar nichts; seine Familie war sehr liberal gewesen. Er wusste nur, dass er Jude war, und wenn seine Leute das vergessen haben sollten, hat der Krieg sie sehr schnell dran erinnert. Am Sabbat habe ich die Gebete wie ein Mann gesprochen. An Feiertagen wie Pessach, unserem Ostern, habe ich am ersten Abend, dem Sederabend, auch die Haggada, die Erzählung vom Auszug aus Ägypten, gelesen, denn das Fest erinnert uns an die Errettung aus der Sklaverei in Ägypten. Mein ältester Sohn Nissan hat das später übernommen und danach auch Eli und Avi. So war das an allen Feiertagen. Keiner von uns könnte sich ein Leben ohne eine Familie vorstellen: Das ist das jüdische Leben und die Erziehung ist auf unser tägliches Leben und auf die Religion aufgebaut. In Israel ist es eine Selbstverständlichkeit, im jüdischen Geist aufzuwachsen, und außerhalb des Landes Israel muss man viel investieren, um das zu erreichen. Doch auch meine Kinder geben ihren Kindern, was ich sie gelehrt habe. Ich hoffe, dass es so weitergeht. Und es geht weiter! Als Beispiel eine kleine Episode von meiner Enkelin Jessica: In Petersberg bei Halle waren wir vom Fußballverein, in dem Jessicas Bruder Samuel Mitglied war, zu einer Weihnachtsfeier eingeladen; eine der Mütter hatte Jessica, damals vier Jahre alt, gefragt: »Was hast du zu Weihnachten für ein Geschenk bekommen?« Jessica hat ganz ernst darauf erwidert: »Wir haben zu Chanukka Geschenke bekommen – das ist unser Fest.« Es ist nicht leicht, Kinder zu erziehen, und es ist auch nicht leicht, Eltern zu sein. Meine Meinung ist, dass Kinder ein Geschenk Gottes sind: Sie haben sich nicht auf die Welt gedrängt. Trotz aller Probleme kann ich mir das Leben ohne Kinder nicht vorstellen. Ohne diese wunderbaren Geschöpfe ist das Leben sehr arm.

Als wir schließlich in Stuttgart lebten, hatte ich schnell wieder Arbeit. Ich führte in der Silberburgstraße ein Schuhgeschäft meines Bruders. Danach war ich Leiterin eines Großhandels in Malmsheim, der auch meinem Bruder gehörte. Das war eine anspruchsvolle Aufgabe und eine riesige Herausforderung für mich. Ich hatte als Chefin alle Endscheidungen zu treffen, alle Bestellungen zu organisieren und war verantwortlich für die Einteilung des Personals. Im Kaufhaus arbeiteten siebzehn Angestellte und, obwohl es eine Buchhalterin gab, ging ich in die Knie. Das war eine Nummer zu groß für mich, um das alleine zu schaffen. Ich war die Erste, die morgens kam und die Letzte, die abends alles abgeschlossen hat. Vor 21.00 Uhr – oft auch später – war ich nie daheim. Bevor ich zur Arbeit ging, waren die Kinder zu versorgen, und tagsüber musste ich mich auf meinen größten Sohn verlassen. Zwei Jahre ging das. Dann beschuldigte man meinen Bruder, er besitze Falschgeld. Er wurde verhaftet und kam nach Stammheim. Das war eine schwere Zeit für uns. Ich fuhr nun jede Woche ins Gefängnis nach Stammheim, um ihm koscheres Essen zu bringen – zwei Jahre lang. Als er aus dem Gefängnis herauskam, verließ er Deutschland und fuhr zu seiner Familie nach Amerika. Das Geschäft wurde geschlossen. Ich besorgte mir eine neue Arbeit. Dieses Mal als Serviererin im Café am See und als Buchhalterin. Ich machte die Buchhaltung für viele Glaubensgenossen, indem ich die Ein- und Ausgaben säuberlich für den Steuerberater vorbereitete. Ich habe dabei gut verdient.

Es war eine schwere Arbeit, weil ich vom ganzen Tag müde war, und alles musste terminlich fertig sein; die Beine im kalten Wasser haben mir geholfen, nicht einzuschlafen.

Währenddessen erhielt mein Mann das Angebot, Partner im berühmten Cabaret Moulin Rouge in Stuttgart zu werden. Das reizte ihn. Er wusste, dass ich Geld zurückgelegt hatte, weil ich immer gespart habe, und bat mich, es ihm zu geben. Ich tat es. Schließlich dachte auch ich, es könnte eine gute Investition sein, damit wir früher oder später etwas mehr Geld zur Verfügung hätten. So wurden wir Besitzer von mehreren Lokalitäten.

Am Anfang der Calwerstraße in Stuttgarts Innenstadt war im ersten Stock in jenen Jahren ein jüdischer Club, wo man Karten spielte; im Erdgeschoss befand sich ein französisches Restaurant mit dem Namen „Croquette". Im jüdischen Klub arbeitete ich eine kurze Zeit als Köchin. Wer den ganzen Tag Karten spielt, hat einen Mordshunger. So fand mein Essen immer Abnehmer. Ein bevorzugter Treffpunkt für junge Leute war damals die Diskothek „Cin Cin" in der Rotebühlstraße. Hier trat auch Udo Jürgens als Sänger auf, als er noch nicht so berühmt war.

Die Geschäfte liefen gut und die Einkünfte meines Mannes waren erstmals wirklich erfolgversprechend. Das Geld kam allerdings nicht immer nach Hause, denn er hatte ein riskantes Hobby: Karten spielen. Dazu musste man viel Geld haben. Das Ergebnis war: Hatte er gewonnen, war seine Laune ausgezeichnet, hatte er verloren, war es die Hölle. Ich arbeitete weiter im Café am See und genoss meine Arbeit, weil ich meist mit netten Menschen zu tun hatte. Nach kurzer Zeit fand ich noch eine zweite Stelle im Königsbau-Café. Zwei Arbeitsstellen waren natürlich sehr kräfteraubend, denn ich hatte ja nach wie vor meinen Haushalt zu bewältigen und drei Kinder großzuziehen. Und die Schularbeiten meiner Jungs zu beaufsichtigen war Schwerstarbeit. Da die Zeugnisse nicht so berauschend waren, schickte ich meinen ältesten Sohn Nissan nach seiner Bar Mitzwa nach Israel. Die israelische Regierung hatte Programme, die das finanziell unterstützten. Er war dort in der Landwirtschaftsschule Nizanim mit Internat. Das war gut so, denn Nissan war dort glücklich.

Mein Mann war nun immer öfter für längere Zeit nicht da. Angeblich war er arbeiten. In Wahrheit stellte sich jedoch heraus, dass er bei seinen Freundinnen war. Er betrog mich. Mir wurden auf brutale Weise die Augen geöffnet, als eines Tages per Gerichtsbeschluss die Forderung nach Alimenten bei uns eintrudelte. Dann wusste ich definitiv Bescheid. Es war mir mittlerweile egal. Dass er oft weg war, war mir gerade recht. Denn war er da, gab es sowieso nur Ärger. Ich hatte resigniert. Vor meinen Glaubensbrüdern und -schwestern schämte ich mich seit langem für die Verhältnisse, unter denen ich und meine Kinder lebten. Ich schämte mich für meinen Mann, war aber unfähig, mich scheiden zu lassen, und ich hielt sehr lange nach außen die Fassade aufrecht – schluckte und schluckte. Meine Söhne waren genauso unglücklich wie ich. Ich spürte und wusste das. Aber ändern hätte nur ich etwas können. Meine Passivität in dieser Hinsicht blieb nicht ohne Folgen. Eines Tages war mein mittlerer Sohn Eli weg. Er lief von zu Hause weg. Das hat mir den Rest gegeben. Ich habe mich so erschrocken. Ich meldete es der Polizei und bat sie, sollte er auf dem Weg nach Israel sein, solle man ihn fahren lassen. Und so war das, man fand Eli auf einem Schiff nach Israel.

Das war ein schwarzes Kapitel meines Lebens, aber es kam ein noch schwärzeres. Ich kam mit der Situation nicht zurecht. Erst kurz davor hatte ich beschlossen, den kleinsten Sohn nach seiner Bar-Mitzwa auch nach Israel zu schicken, und zwar nach Haifa in die Schule Kwar Galim. Das war eine landwirtschaftliche Schule, wie jene, die Nissan besuchte. Ich wollte die Kinder in Sicherheit bringen und sie vor meinem Mann schützen, der seine grundlose Wut ständig an ihnen ausgelassen hatte. Nicht selten auch an mir. Als ich wusste, meine Kinder sind in Sicherheit und versorgt, stand mein Entschluss fest. Die Scheidung!

Natürlich stellt sich die Frage, warum ich mich nicht schon früher scheiden ließ? Ich dachte, meine Kinder brauchen einen Vater, und ich hoffte, dass er vielleicht doch noch zur Vernunft kommen und sich ändern würde. Wir hatten auch schöne Zeiten miteinander und am besten war es eigentlich, wenn kein Geld da war. Vermutlich rede ich mir vieles schön. Wer kann schon damit leben, dass alles von Anfang an eine Katastrophe war. Meine Erziehung hat zweifelslohne ihren Teil dazu beigetragen, dass ich so lange geblieben bin. Mein Mann wollte uns nicht verlieren, dabei aber alles machen, was er will. Immer wieder kam er an und wollte sich bessern. Zweimal habe ich ihn verlassen und er kam zurück. Beim dritten Mal war Schluss. Männer wie Henek dürfen nicht heiraten. Sie sollten von Blume zu Blume ziehen und keine Verantwortung übernehmen, der sie nicht gewachsen sind. Für andere mag er der beste Freund gewesen sein. Für uns war er nicht einmal das.

Beim dritten Mal gab es kein Zurück mehr. Und dabei half mir „Rette sich wer kann" von Erika Jong. Dieses Buch öffnete mir die Augen und gab mir die nötige Kraft, einen endgültigen Schlussstrich unter eine Ehe zu ziehen, die ich besser nie eingegangen wäre. Es war sehr schwer, standhaft zu bleiben, aber ich habe meinen Entschluss nie bereut.

Eines Tages habe ich erfahren, dass in der jüdischen Gemeinde eine Kindergärtnerin gesucht wird, kurzentschlossen bewarb ich mich und wurde genommen. Ich war keine gelernte Kindergärtnerin. Deshalb wurde noch eine Leiterin angestellt und das war Dagmar. Ich habe von ihr sehr viel lernen können und wir haben uns glänzend ergänzt. Sie war ein eher zurückhaltender Typ, immer dunkelblau gekleidet. Als wir beide nach acht Jahren den Kindergarten verließen, sagte sie zu mir, ich hätte sie zu einem anderen Menschen gemacht. Ich hatte aber auch ihr viel zu verdanken. Sie regte mich an, in Israel und Deutschland Fortbildungen zu machen. Die Zeit im Kindergarten habe ich sehr genossen. In diesen Jahren begann ich mich, mit dem Judentum intensiver zu befassen, Romane und auch Lehrbücher über Erziehung, Pädagogik und Geschichte zu lesen. Die Kinder haben mich dazu animiert. Immer stellten sie Fragen: Was ist mit dem Weltall oder wie funktioniert dies oder jenes. Da sagte ich dann, ich muss in meinem schlauen Buch nachschauen und morgen erzähle ich es euch. Am nächsten Tag, bevor sie mir guten Tag gesagt haben, war die Frage »Hast Du im schlauen Buch nachgeschaut?«, und ich habe profitiert von diesen Fragen. Es war eine herrliche Zeit mit den kleinen Würmchen. Es kam so weit, dass ich alleine Theaterstücke geschrieben habe und, ohne Musik zu studieren, habe ich eine musikalische Aufführung mit den Kindern gemacht. Die Kinder haben mich geliebt und ich sie. Eines Tages habe ich Dagmar vorgeschlagen, dass wir beide für die Kinder etwas vortragen sollen, was ich geschrieben habe, über zwei Clowns „Cici und Kapici". Nach viel Überzeugungsarbeit war sie einverstanden. Es wurde ein Riesenerfolg. Im Nachhinein bin ich unendlich dankbar, dass Herr Hermann Wollach s. A.. mir die Möglichkeit gegeben hat, im Kindergarten zu arbeiten. Das war der erste Schritt aus dem Tal. Ein anderer Mann in unserer Gemeinde war mir eine große Stütze, unser damaliger Rabbiner Dr. Fritz Elieser Bloch s. A.. Er stand mir immer mit Rat und Tat zur Seite, gerade in den schweren Zeiten meiner Scheidung. Bloch war ein Segen für unsere Gemeinde, ein wahrer Intellektueller, ein kluger Vermittler zwischen den verschiedenen Interessen in der Gemeinde. Als ich später als Malerin versuchte, Fuß zu fassen, war es Rabbiner Joel Berger, der mich unterstützte und immer wieder einmal eine Vernissage mit einem Vortrag eröffnete. Wäre der Kindergarten nicht geschlossen worden, weil wir zu wenige Kinder hatten, hätte ich sicher noch länger dort gearbeitet. Mit Dagmar verbindet mich noch immer eine Freundschaft. Und die Kinder: Noch heute besuchen mich meine Kindergartenkinder. Die meisten haben mittlerweile selbst erwachsene Kinder.

Inzwischen war ich auch geschieden. Nur leider war damit die Verbindung zu meinem Ex-Mann nicht endgültig und völlig gekappt. Wir besaßen gemeinsam das Kabarett „Schirokko" in Kempten und das Kabarett Moulin Rouge in Stuttgart und die mussten geführt werden. Es war die Hölle für mich, von den kleinen, prachtvollen Kindern nun in einem Etablissement mit leichten Frauen und Freiern zu landen. Zu meinem Erstaunen waren das ganz hervorragende Frauen. Sie arbeiteten hart und sie wussten, was sie zu tun hatten. Wenn sie genug gespart hatten, machten sie sich selbständig, gründeten eigene Modeboutiquen oder Cafés. Mit manchen von ihnen konnte man Pferde stehlen. Sie hatten unwahrscheinlichen Respekt vor mir. Es kam sogar so weit, dass ich ihnen erotische Tänze beibrachte. Das war meine Stärke. Ich hatte ja fast acht Jahre Ballettunterricht. Im Leben kann man früher oder später alles brauchen, was man mal gelernt hat. Während meines Aufenthaltes in Kempten, damals war ich schon geschieden, habe ich die größte Dummheit meines Lebens gemacht. Ich habe meinen geschiedenen Mann auf meinen Namen das Tanzlokal „Alpenrose" eröffnen lassen. Warum? Er hatte mir versprochen, jeden Monat 3.000 Mark zu bezahlen, und ich dachte, mit dem Geld kann ich in ein normales Leben zurückkehren. Das war mein Untergang. Obwohl er der Vater meiner Kinder war, hat er mich in eine Pleite hineingezogen. Ich weiß nicht, war das Rache oder Dummheit von ihm. Damals hatte er schon eine Frau an seiner Seite und Geld spielte keine Rolle. Er nahm einfach Kredite auf und ich hatte dafür geradezustehen. Mein Erwachen kam, als die Gerichtsvollzieher vor meiner Wohnung standen. Nur, bei mir war nichts, rein gar nichts zu holen. Damit begann die Katastrophe. Jedes Klingeln an der Tür versetzte mich in einen Zustand der Schreckstarre. Und da ein Unglück sowieso nie allein kommt, kam es noch dicker: Ich verlor mein Kabarett „Schirokko" in Kempten. Nun saß ich vollkommen in der Klemme. Ich stand ohne Job, ohne Einkommen und mit einem riesigen Haufen Schulden da.

Ich habe nicht lange gewartet. In meinem Leben hatte ich viele Berufe ausgeübt und ich war fest entschlossen, mein Leben wieder in die Hand zu nehmen und nach vorn zu schauen. Ich hatte bereits als Serviererin gearbeitet und das tat ich nun wieder: im Café am See, im Königsbau-Café und im Klosterkeller, einem Restaurant. Damit befand ich mich dann auch wieder in einer ganz anderen, eher normalen Welt. Schließlich hat der Bruder meines Mannes, Chaim aus Israel, mir angeboten, Diamanten zu verkaufen. Am Anfang war es nicht schlecht, weil ich das verdiente Geld vom Bedienen zum Reisen verwenden konnte, um Diamanten zu verkaufen. Auf die Dauer waren zwei Jobs dann doch ziemlich anstrengend. Dienstende in der Gastronomie war spätabends und am nächsten Morgen musste ich ja auf Verkaufsfahrt gehen.

Um Diamanten verkaufen zu können, musste ich mich in Gemmologie ausbilden lassen. Dazu habe ich mich auf den Weg nach Pforzheim gemacht, um dort im Diamantenhandel eine Beschäftigung zu finden, und zwar bei meinen Landsleuten. Ich ging von einer Firma zu anderen und überall vertröstete man mich. Zuletzt war ich in der Firma Cohen. Beni Cohen war ein außergewöhnlicher Mann – ein Lebemann. Beni sagte ich: »Ich will von dir kein Geld, ich möchte Arbeit auf Provision.« Seine Antwort war: »Wenn du kein Geld von mir willst, dann fang morgen an.« Das war am 1. April. Es war kein Aprilscherz. So begann ich im Diamantenhandel. Ich habe Diamanten sortiert nach Größe, nach Farbe und nach Reinheit. Es war vollkommenes Neuland für mich. Der Anfang war nicht leicht. Mit einem Menschen, der leben will, kann man als Arbeitgeber aber nur gewinnen. Ich habe mir eine Liste mit Firmen gemacht und jeden Tag habe ich einen Teil der Firmen angerufen, um einen Präsentationstermin zu bekommen. Die Firmen waren so neugierig auf mich, dass ich nach elf Tagen den ersten Verkauf machten konnte. Ich reiste kreuz und quer durch Deutschland, um Diamanten zu verkaufen. Als es immer besser zu laufen begann, habe ich meine Arbeit im Restaurant Klosterkeller gekündigt. Beni hat nie bereut, dass er mir eine Chance gegeben hat. Jeden Tag fuhr ich mit dem Zug nach Pforzheim. Ich war Lieferantin unter anderem der Versandhäuser Wenz, Klingel und Bräuning in Pforzheim.

Lange Zeit habe ich keinem Mann vertraut. Es gibt ein Sprichwort »Die Zeit heilt alle Wunden« und so war es auch. In jener Zeit habe ich meine Schwester Jocha, die mittlerweile in Nancy lebte, oft besucht. Dort fiel ich einem netten Mann namens Claude ins Auge. Claude war ein tunesischer Jude. Er lebte in Scheidung, hatte drei kleine Kinder und zwischen uns beiden begann eine Freundschaft. Sie dauerte genau neun Monate wie eine Schwangerschaft. Er war für mich wie Penizillin nach einer Krankheit, aber mit Penizillin kann man nicht ewig leben. So habe ich unsere Beziehung mit der Ausrede beendet, dass ich zu meinen Kindern nach Israel gehe. Ich wollte ihm nicht wehtun, aber ich habe gesehen, dass es keine Zukunft hat. Ich habe mir geschworen, nie wieder unter dem Tisch zu sitzen, nachdem ich von dort mit Mühe und Not hervorgekrochen bin. Keine zehn Pferde sollten mich jemals wieder zurück in eine Situation der Unterwerfung bringen. Und so reiste ich nach Israel, wo ich für meine Söhne in Ramat Hasharon ein Haus gemietet hatte. Zwei Monate blieb ich dort.

Oft war ich in der folgenden Zeit in Israel bei meinen Kindern. Jedes Mal waren meine Koffer voll mit Dingen, die sie benötigten. War ich dort, habe ich das Haus auf Vordermann gebracht, sie bekocht und vor allem Rechnungen bezahlt. Reiste ich ab, war der Gefrierschrank gefüllt mit vorgekochtem Essen. Nissan hat schon gearbeitet. Eli und Avi waren beim Militär. Auch Nissan war zuvor beim Militär auf den Golanhöhen stationiert. Dort habe ich Ski fahren gelernt. Das war eine tolle Geschichte. Einmal kam ich auf den Golan, es waren gerade wieder einmal Unruhen, und man wollte mich nicht durchlassen. Nachdem ich gesagt hatte, wer mein Sohn war, hat man mich mit einem Jeep direkt zu meinem Sohn gebracht. Da platzte ich fast vor Stolz. Nissan hatte eine nette Freundin aus Marokko, Juli. Sie wollten heiraten. Daraus ist nichts geworden. Die Freundschaft mit Juli ist geblieben. In der Zeit hatte Nissan einen Schäferhund. Das einzige, was ihm fehlte, war, dass er sprechen konnte. Der Hund war ein Phänomen. Er hat alles verstanden, was man zu ihm sagte. Nissan ist irgendwann zurück nach

Deutschland gekommen und hat auch den Hund Panciu mitgebracht. Eli ist auch nach Deutschland zurückgekommen und danach Avi. Nissan hat Monika geheiratet und sie bekamen einen Sohn Benjamin. Es war eine unglückliche Ehe.

Mein Sohn Eli hat zweimal geheiratet. Mit seiner ersten Frau Brigitte bekam er einen Sohn mit Namen Daniel. Die Ehe ging in die Brüche, aber das Kind war mein Ein und Alles. Für Daniel war es nicht leicht nach der Scheidung seiner Eltern. Daniel ist ein sehr feiner Junge und er macht seinen Weg

Er ist sehr entschlossen und fleißig. Ich bin mächtig stolz auf ihn. Eli hat später noch mal geheiratet, Larissa, eine fantastische junge Frau, die offiziell zum Judentum konvertiert ist. Die beiden haben zwei goldige Kinder: Samuel und Jessica. Samuel ist ein kleiner Virtuose, er hat schon an vielen Klavierwettbewerben teilgenommen. Jessica ist eine besonders talentierte Zeichnerin und spielt herrlich Klavier. Ich bin verrückt nach den beiden. Die Kinder wachsen in einer bewusst jüdischen Familie auf und Larissa ist wie ein Fels in der Brandung für Eli. Von dieser Frau kann man vieles lernen.

Avi hat auch geheiratet und zwar in Spanien. Die Ehe war kein Glücksgriff. Mit seiner Lebensgefährtin Teresa hat er eine Tochter Lea. Ich habe sie sehr lieb, aber sie lebt in Ecuador, weil Teresas Familie dort lebt, sie ist eine Ecuadorianerin. Ich habe sogar Spanisch gelernt, damit ich mit Lea per Skype reden kann. Ich liebe meine Kinder sehr, egal wieviel Probleme sie mir bereitet haben.

Ich habe wenige Jahre nach der Scheidung alles verloren, musste einen Offenbarungseid leisten und stand ganz ohne Mittel da. Mir blieb wortwörtlich nichts zum Leben. Ich durfte nicht einmal ein Bankkonto besitzen – mit anderen Worten: Ich war fast tot. Man ließ mich aber nicht tot sein. Die Gerichtvollzieher haben mich daran erinnert, dass ich nicht sterben kann. Mein einziger Ausweg, um Geld zu verdienen, bestand darin, als Serviererin zu arbeiten, und so hielt ich durch, um nicht ganz zu ertrinken.

Meine Kinder hatten einen Freund, einen Rechtsanwalt: Sie wollten Ölgeschäfte machen und innerhalb von zwei Monaten hatte ich 20.000 DM Schulden – Telefongebühren. Die Geschäfte sind nie zustandegekommen, mit anderen Worten »außer Spesen nichts gewesen« – nur die Schulden sind geblieben. Dieser Rechtsanwalt war aber auch ein guter Mensch, er sah, in was für einem Schlamassel ich mich befand. Damals habe ich schon gearbeitet und wollte die Arbeit bei der Firma Zucker auch behalten. Da habe ich ihn gebeten, alle

Gläubiger nach dem Alphabet anzuschreiben und sie zu bitten, sich mit einem Pauschalbetrag zufriedenzugeben. Das war der Anfang und bis der letzte Gläubiger nicht von mir bezahlt wurde, haben sie keine Ruhe gegeben. Wir haben uns auf fünfzig Prozent geeinigt. Bei manchen war es mehr, bei anderen auch weniger. Alle waren sie einverstanden: Sie waren glücklich, noch einen Teil des Geldes zu bekommen – von einem Menschen, der das Ganze nicht verschuldet hatte. Nur das Finanzamt hat mir keinen Pfennig erlassen. Da halfen keine Briefe und keine Bitten. Bis auf den letzten Pfennig habe ich über 400.000 DM bezahlen müssen. Es hat viele Jahre gedauert, bis ich schuldenfrei war, aber ich bin nun aus allem heraus. Dieser Schuldenberg ist der Grund, weshalb ich noch immer zur Miete wohne und mir nie eine eigene Wohnung oder gar ein Haus kaufen konnte. Wenn ich anfange zu träumen, denke ich, dass ich das schönste Haus hätte haben können, ich hätte auch meinen Kindern mehr helfen können und hätte überhaupt weniger Probleme gehabt. Geld macht zwar nicht glücklich, aber es beruhigt ungemein. Was das Geld anbetrifft, hat mir auch meine Malerei geholfen: Von Zeit zu Zeit habe ich ein Bildchen verkauft.

Glücklicherweise bekam ich die Möglichkeit, Bekannte aus der jüdischen Gemeinde bei der Buchhaltung zu unterstützen. Es war sehr kräfteraubend, mich nach der Arbeit noch an die Buchhaltung zu setzen. Wenn ich nachts nach Hause kam, war ich hundemüde. Um nicht einzuschlafen, griff ich zu meinem bewährten Mittel: Füße in kaltes Wasser stellen. Ich hatte ja Termine für die Abgabe einzuhalten und da gab es kein Pardon – ich musste die Buchhaltung erledigen, selbst wenn mir die Augen vor Erschöpfung zufielen.

Neben meinen privaten Verpflichtungen habe ich mich auch immer in der jüdischen Gemeinde engagiert. Ich war lange Mitglied bei der WIZO, der weltweit tätigen zionistischen Frauenorganisation, deren Hauptsitz in Herzlia in Israel ist. Das Motto „Frauen helfen Frauen“ hat mir immer gefallen. So werden zum Beispiel bedürftige Frauen in Israel aller Nationalitäten in vielfältiger Weise auch von der Stuttgarter Sektion der WIZO unterstützt. Auf deutschem Boden ist die WIZO 1960 gegründet worden. Die Stuttgarter Sektion haben Noemi Berger, Hanna Brauer und ich ins Leben gerufen. Hanna Hertzberg stieß später mit ihrem großen Wissen und ihrem Engagement zu uns. Der erste WIZO-Basar war für uns ein großartiger Erfolg. Ich habe für die WIZO ein

Gemälde mit dem Titel „Auch Frauen machen Frieden“ gestiftet. Zugunsten der WIZO wurde auch mein Bild „Der Geiger“ vom damaligen Oberbürgermeister Manfred Rommel versteigert.

Bis heute gehört mein Herz dem jüdischen Sport. Ich bin Mitglied im Makkabi und seit fast vierzig Jahren zweite Vorsitzende des Makkabi in Stuttgart. Der erste Makkabi-Verein entstand in Deutschland 1921. In Stuttgart formierte er sich 1932. 1933 wurden jüdische Mitglieder aus den allgemeinen Turn- und Sportvereinen Deutschlands ausgeschlossen. 1938 mussten sich auch die jüdischen Organisationen, darunter die Makkabi-Vereine, unter Zwang auflösen. 1979 haben Martin Widerker, Ladiia Chwojka, Arno Fern, Michael Kashi und meine Wenigkeit den TSV-Makkabi wieder gegründet. Martin Widerker und ich sind noch immer dabei. Nicht umsonst sagt man: In einem gesunden Körper wohnt ein gesunder Geist und wir zeigen der Welt, dass Juden entgegen dem antisemitischen Vorurteil ausgezeichnete Sportler sind. Der Makkabi hatte gerade bei der Integration der Emigranten aus den Ländern der ehemaligen Sowjetunion eine wichtige Funktion. Außerdem gelingt es uns mit dem Sport, Brücken zu bauen zwischen Christen und Juden, zwischen Juden und Muslimen. Auch durch gesellschaftliche Aktivitäten, wie unser alljährlicher Purimball, fördern wir das gegenseitige Kennenlernen und Zusammenleben. Der Purimball ist mittlerweile ein gesellschaftliches Ereignis in Stuttgart und darüber freue ich mich ganz besonders.

Die Vereinsmitglieder können sowohl an nationalen wie auch internationalen Makkabi-Turnieren und Meisterschaften bis hin zur jüdischen Olympiade, der Makkabiah, in Israel teilnehmen. Für mich war es ein zutiefst bewegendes Ereignis, als Besucherin im August 2015 an der 14. Europäischen Makkabiade in Berlin teilzunehmen. Dieses historische Ereignis stand unter der Schirmherrschaft von Bundespräsident Joachim Gauck, dem Bürgermeister von Berlin Michael Müller, dem Vorsitzenden des Zentralrats der Juden in Deutschland Josef Schuster sowie nationalen und internationalen Makkabi-Funktionären. Bevor die Spiele begannen, fand eine Gedenkfeier im Olympia Stadion mit der Zeitzeugin Margot Friedländer statt. Im Olympia Stadion, jenem Ort, an dem 1936 die olympischen Spiele in Deutschland stattfanden, an denen zum Beispiel eine der damals besten Hochspringerinnen der Welt, Gretel Bergmann aus Laupheim, nicht teilnehmen durfte, nur weil sie Jüdin war. Ich kann kaum in Worte fassen, was sich in mir an diesem Ort abspielte, welche Emotionen die Reden in mir erzeugten – es war unbeschreiblich – tiefer Schmerz und große Freude. 2.300 jüdische Sportlerinnen und Sportler aus verschiedenen Teilen der Welt marschierten später enthusiastisch mit Fahnen aus sechsunddreißig Ländern in die Waldbühne ein. Alle Sportarten waren vertreten – Fußball, Volleyball, Schwimmen, Fechten, Reiten. Es macht mich stolz, dass in allen sportlichen Disziplinen auch jüdische Sportler zu finden sind. In Berlin hat mich die Stimmung begeistert. Siebzig Jahre nach Kriegsende trugen jüdische Sportler ihre Kämpfe mit Begeisterung, Freude und Stolz aus. Siebzieg Jahre nach Kriegsende feierten Juden die 14. European Makkabi Games in Berlin – trotz all dem Schmerz und dem Leid, die von diesem Ort ausgegangen sind: die Vernichtung der Europäischen Juden. Dieses Fest des jüdischen Sportes war ein Moment, der mir Hoffnung machte. Auch wenn in Deutschland noch einiges geschehen muss, damit Juden, die hier leben, sich wirklich sicher fühlen und sich in der Öffentlichkeit ohne Angst zu ihrem Judentum bekennen können.

Nach den ganzen Katastrophen, der Scheidung, dem Offenbarungseid und der Erkenntnis, dass es so nicht weitergehen konnte, beschloss ich, etwas aus meinem Leben zu machen. Ich wollte mehr von und über die Welt erfahren. Ich wollte mir so viel Wissen wie nur möglich aneignen. Da ich schon immer sehr neugierig war, begann ich noch mehr Bücher zu lesen, auf Vorträge zu gehen. Vor allem interessierte ich mich für meine Herkunft, für unser jüdisches Leben, unsere Geschichte.

Mein Drang zum Lernen führte mich zu meinem wichtigsten Freund: Heinrich. Ich lernte ihn kennen, als er einen Vortrag in unserer Stuttgarter Gemeinde hielt, und zwar sprach er über die Funde, die man bei der Renovierung der alten Synagoge in Hechingen auf deren Dachboden gemacht hatte. Sein Sachwissen und seine Ausstrahlung, seine Liebe zum Judentum, die Wärme seines Herzens konnte man im Raum spüren. Es war ungeheuer interessant, so viele Dinge über mein Judentum zu erfahren, die ich überhaupt nicht kannte: Ich war sprachlos von dem, was ich alles an jenem Abend hörte. All dies war Neuland für mich. Man hatte in Hechingen eine „Genisa“ gefunden. Ich hatte dieses Wort noch nie gehört und nun erfuhr ich, dass man alte, zerlesene Gebetbücher nicht einfach wegwerfen darf, sondern dass man sie in einem besonderen Raum, einer sog. Genisa, verwahren muss, bis man dort keinen Platz mehr hat und man dann solche Bücher und Schriften auf dem jüdischen Friedhof an einer ungezeichneten Stelle begräbt. Ich bekam einen außergewöhnlichen Einblick in das Leben der deutschen Juden in früheren Zeiten, in ihre Gebräuche und Sitten. Die deutschen Juden waren später dann liberaler, man konnte sie kaum noch von ihren christlichen Nachbarn unterscheiden, abgesehen natürlich von ihrer Religion. Sie blieben trotz alledem in der Verfolgungszeit, der Shoah, nicht verschont. Ich bin eine Jüdin aus Polen, für mich war das Judentum mit seinem Schabbat, seinen Feiertagen und den Gebetbüchern in Hebräisch eine Selbstverständlichkeit. Durch meinen Freund wurden mir die Augen geöffnet und ich erkannte nach und nach, was für ein Wissen und welcher Reichtum in den Büchern stecken: die Tora, das Gesetz des Lebens, auch der Talmud mit Mischna und Gemara, Raschi und sein Tora-Kommentar, die Mischneh Tora des Rambam, dessen Grab in Tiberias wir oft besuchten, der Schulchan Aruch von Josef Caro mit der Mappa des Moses Isserles aus Krakau. Alles, was da drinnen steht, war vollkommen neu für mich: die ganze Philosophie und Pädagogik, Ethik, Liebe, Poesie, Hygiene – es steht einfach alles drin und das habe ich durch ihn und mit ihm gelernt und noch viel mehr. Viele Geschichten von Scholem Alejchem, von Jizchak Leib Peretz und Mendele Moicher Sforim haben wir zusammen im jiddischen Original gelesen. In jeder Stadt, die wir besucht haben, sind wir auf die jüdischen Friedhöfe mit ihren verwitterten Steinen gegangen. Dieser Mann ist eine lebende Enzyklopädie. Keine Frage von mir blieb unbeantwortet. Ich bin dem Schicksal sehr dankbar, dass er mir über den Weg gelaufen ist. Denke ich an ihn, fällt mir ein Spruch meiner Mutter ein: »Neben einem beladenen Wagen ist gut zu Fuß zu gehen.« Sie meinte es finanziell, aber ich bevorzuge das Wissen eines Menschen.

Die Begegnung mit diesem Mann hat mir geholfen, meine Wunden zu heilen. Ich habe gespürt, dass ich nicht alleine bin und dass es auch Männer gibt, denen ich vertrauen kann. Ich habe durch die vielen Jahre unserer Freundschaft das Vertrauen in Menschen zurückgewonnen – sogar in solche, die Nichtjuden sind. Für mich öffnete diese Freundschaft das Tor zur Welt und ich weiß es so sehr zu schätzen. Ja, manchmal begegnen einem Menschen, denen man zeitlebens dankbar ist.

Durch Literatur und Bildung wurde das Leben für mich immer interessanter. Ich glaube, wenn man als älteres Semester lernt, lernt man bewusster. Erst ist es schwieriger, alles im Kopf zu behalten, und dann geht es immer besser. Ich bin das lebende Beispiel dafür. Meine Weiterbildung gibt mir Kraft. Sie stärkt mein Selbstwertgefühl und sie verändert meinen Blick und meinen Umgang mit Menschen und ich kann heute viel besser zuhören als früher. Mir ist fast nie langweilig, die Woche ist mir immer zu kurz.

Der Dialog mit der Kunst prägt seit sehr vielen Jahrzehnten mein ganzes Leben. Mit Hilfe der Philosophie hat mein Denkvermögen einen neuen Horizont erreicht. Vor allem hat sich mein Blick auf die Menschen und mich selber durch die Philosophie und ihre Fragen verändert.

Die jüdische Philosophin Hannah Arendt hat mir in ihrer „Vita activa: vom tätigen Leben" die Entstehung der Polis erklärt und den Beginn des politischen Denkens.

Der deutsche Philosoph Immanuel Kant machte mir die vier Grundfragen deutlich, an denen sich die Herausforderungen für das Denken ablesen lassen:

1. Was kann ich wissen?
2. Was soll ich tun?
3. Was darf ich hoffen?
4. Was ist der Mensch?

Die französischen Philosophen Emanuel Levinas und Michel Foucault thematisieren in der Nachfolge Senecas die Kultur an sich, ihre Bedeutung und ihren Sinn. Und da ist eine große Verbindung zur jüdischen Philosophie, die sich vor allem um die Wende des 18. zum 19. Jahrhunderts entwickelt hat unter dem Einfluss der europäischen Aufklärung. Martin Bubers Aussage, Gott ist da, wo man ihn hineinlässt, hat für mich nichts von ihrer Gültigkeit verloren. Philosophie und Religion sind keine Gegensätze, sondern befruchten sich für mich gegenseitig.

Man kann sagen, mit dem nötigen Engagement kann jeder über sich hinauswachsen. Als Künstlerin bin ich heute kein unbeschriebenes Blatt mehr. Aber mein Ehrgeiz ist noch nicht am Ende. Wenn ich aufhöre, nach den Sternen zu greifen, dann werde ich tot sein.

Das Wertvollste in meinem Leben sind neben meinen Kindern und Enkeln jene Menschen, die mir zu wahren Freunden wurden. Ohne Freunde sind wir einsame Kreaturen. Meine beste Freundin war bis zu ihrem viel zu frühen Tod Pola. Sie war eine exotische Schönheit und in einer Clique mit Ola, Irka und Lodzia. Bis auf Ola sind alle bereits gestorben. Meine Freundschaft zu Pola ist über den Tod hinaus nicht erloschen. Ich versuche mit ihren Töchtern Towa und Nawa in Israel in Verbindung zu bleiben. Auch mit den Söhnen von Lodzia habe ich noch Kontakt.

Jeder lebte sein eigenes Leben, aber wenn wir uns getroffen haben, war es so, als hätten wir uns nie getrennt. Mit Pola war das eine ganz besondere Freundschaft. Uns hat unser gemeinsames Schicksal verbunden. Wir waren unzertrennlich. In unserer Jugend habe ich für sie gelogen und sie für mich, weil wir beide ja polnische Freunde hatten. Wir hatten auch ein gemeinsames Ziel: Wir wollten etwas Besseres werden (!?).

Als wir uns zum ersten Mal im Bus in Nachalat Jehuda in Israel nach vielen Jahren wiedertrafen, fielen wir uns in die Arme und weinten hemmungslos vor Freude. Sie lebte in Israel in der Stadt Ezra-Bizaron, nicht weit von meiner Schwester Jocha entfernt. Als wir uns wiedersahen, war Pola schwanger. Der Vater des Kindes war ihre große Liebe. Sie hat den Mann nie wiedergesehen, er blieb in Polen. Ihre Hoffnung, dass er nachkommen würde, hat sich nicht erfüllt. Maciek wusste nicht, dass sie schwanger war, und er hat es auch nie erfahren.

Polas zweiter Wunsch ist auch nicht in Erfüllung gegangen: Sie wollte nämlich zurück nach Polen. In der Situation, in der sie sich als alleinerziehende Mutter befand, fehlte ihr das Geld. Sie heiratete einen sehr attraktiven, vermögenden Mann. Nur, wenn man so einen Mann heiratet, hat man ihn nicht für sich alleine. Die Ehe zerbrach nach der Geburt ihrer zweiten Tochter. Für Pola begann damit der Kampf ums Überleben. Dank ihrer wunderbaren Mutter konnte sie sich zur Kosmetikerin ausbilden lassen. Noch als erwachsene Frauen waren wir voller Hoffnung, dass der Prinz auf dem weißen Pferd eines Tages zu uns kommt. Die Hoffnung ist geblieben, gekommen ist nichts.

Meine Wege brachten mich später – unbewusst – in ihre Nähe und das war ein Glück für mich. Als Kosmetikerin war Pola eine der besten. Sie beherrschte ihr Fach. Und sie führte ein flottes Leben mit Freundinnen und Freunden; ich war öfters dabei. Wenn ich zu ihr kam, hat ihre Mutter immer Krautwickel für mich gemacht. Sie wusste, dass ich sie mag wie noch andere Hausspezialitäten, und vor allem war immer Hering für mich da – sie wusste genau, was ich mochte. Und nicht zu vergessen: eine versteckte Flasche Wodka oder Cognac. Sie sagte im Spaß, dass es Medizin wäre. Die Flasche musste versteckt werden, weil Polas Mann sehr viel trank. Und es war sehr anstrengend bei ihnen zu Hause, wenn er betrunken war.

Eines Tages war da ein sehr gut aussehender Mann namens Izik. Er hat ihr den Kopf verdreht oder sie ihm. Als er in ihr Leben trat, habe ich Pola nicht verstanden. Doch das steht auf einem anderen Blatt. Es war eine impulsive Freundschaft und sie hielt bis zu ihrem Tod. Izik konnte auch nicht bei einer Frau bleiben, er musste immer den Beweis haben, dass er begehrt wurde – Männer!

Erst nachdem er sie verloren hatte, begriff er, was er gehabt hatte; da war es aber zu spät. Die Liebe zwischen Pola und Izik war sehr leidenschaftlich und sehr kompliziert. Sie haben sich geliebt und zerfleischt. Izik war ein attraktiver Mann, Pola eine so kluge Frau. Sie konnte jedem Rat geben und half, wo sie nur konnte. Nur sich selbst konnte sie nicht helfen. Sie hat sich nicht um ihre Gesundheit gekümmert und ging nicht rechtzeitig zum Arzt. Sie hatte einen zu hohen Blutdruck und weil sie nicht rechtzeitig ihre Tabletten genommen hatte, bekam sie einen Gehirnschlag. Ihr Tod war für mich ein Schock und der Verlust schmerzt mich noch bis zum heutigen Tag. Ich vermisse sie noch immer und je älter ich werde umso mehr. Es ist schwer, mit zunehmendem Alter eine Freundin zu finden, mit der man durch Dick und Dünn geht. Ich wollte es nicht glauben, als mir Izik davon am Telefon mitteilte. Ich stand kurz vor einer Ausstellung, als ich es erfahren habe; innerhalb eines Tages war ich in Israel, aber es war schon zu spät. Leider kam ich nur zu ihrer Beerdigung. Ich glaubte nicht, dass sie tot war.

Beide waren wir befreundet mit Lodzia – sie ist auch aus Stettin gewesen. Ich habe sie sehr lieb gewonnen; sie war anders als wir. Lodzia war ein sehr genussfreudiger Mensch. Sie mochte das Leben und die Feinheiten des Lebens. Sie konnte sich auch das leisten, denn ihr Mann Jurek – er war auch aus Polen – hat ihr ein sorgenfreies Leben geboten. Sie war wie eine Prinzessin; sie konnte sich fast alles leisten und ihr Mann hat ihr jeden Wunsch von den Augen abgelesen. Sie haben zwei wunderbare Söhne und mehrere Enkel. Mit Lodzia habe ich viele wunderbare Stunden verbracht und habe es immer genossen, in ihrer Gesellschaft zu sein.

Wenn wir zu dritt waren, Lodzia, Pola und ich, haben wir viel gelacht. Dieses Lachen fehlt mir sehr. Pola und Lodzia waren sehr stolz, dass ich so einen Erfolg mit meiner Malerei hatte. Bei ihnen musste ich mich nicht verstellen. Sie kannten mich von Kind an und haben gerne mit mir meine Erfolge gefeiert. Lodzia kam extra aus Israel zu meiner Ausstellung in das Hällisch-Fränkische Museum in Schwäbisch Hall.

Mit Lodzia bin ich viel in Europa gereist, aber nur im Rahmen dessen, was ich mir leisten konnte, und Lodzia hat sich mir angepasst. Sie hat mir nie das Gefühl gegeben, dass sie sich viel mehr leisten konnte. Mit Lodzia bin ich oft in Davos gewesen, im Winter wie im Sommer. Wir haben Museen, Opern und Musicals besucht, alle Berge bestiegen. Die Urlaube mit ihr waren ein Genuss, ebenso die Konzerte mit jungen Interpreten aus aller Welt: Sie sind mir unvergesslich. Manchmal waren auch Geiger aus Israel dabei. In jeder Stadt haben wir den jüdischen Friedhof besucht. Der Friedhof von Davos ist wunderschön, direkt neben dem christlichen Friedhof, auf dem der Maler Kirchner und seine Frau beerdigt sind. Wir lasen auf dem jüdischen Friedhof den Namen von einem Dr. Lang; es war wie eine Fügung. Wir saßen auf der Schatzalp und da sprach uns eine Frau Lang mit einem Dackel an. Sie hatte gehört, wie wir uns in Hebräisch unterhalten haben, und sie war die Frau von Dr. Lang. Die Freundschaft mit Frau Lang ist bis heute geblieben.

Einmal machte ich mit Lodzia eine Kutschfahrt. Wir waren beide in dicke Decken gehüllt und ich habe gesungen: »Haman harusche likt in Drerd und Motke a Zadik furt af dem Ferd.«

Lodzia hat so gelacht und mich sofort verstanden; das bezog sich auf die Geschichte von Purim, gemünzt war es aber auf meinen Mann. Damals war er schon gestorben – und ich saß in einer Kutsche, gezogen von einem prächtigen Pferd und lebte in Zufriedenheit.

Auch in Prag war ich mit Lodzia. Das ist eine so wunderbare Stadt, in der fast alles gut zu Fuß zu erreichen ist. Wir besuchten das Grab von Franz Kafka, der Friedhof ist ein bisschen außerhalb, auch sein Wohnhaus haben wir aufgesucht und alle Kirchen. Vor allem waren wir im jüdischen Teil von Prag mit dem berühmten Friedhof und der Altneu-Schul. In Prag hatte ich Geburtstag, da hat mir Lodzia eine Überraschung bereitet: Sie bestellte Musiker und die haben für mich das wunderbare Lied „Schwarze Augen“ (Otschi Tschornyje) gespielt.

Wenn ich nach Israel kam, hat Lodzia immer vorher Konzertkarten besorgt oder Karten für eine Aufführung im Habima-Theater. Sie war eine sehr ergebene Freundin. Mit uns zusammen waren oft Wiera und Pola; dann saßen wir im Restaurant APROPO und haben dort ein Getränk namens Nock-out getrunken – im wahrsten Sinne des Wortes. Gut, dass wir nicht Auto fahren mussten. Unsere kleine Frauenrunde sorgte für Aufsehen.

Mit Pola, Lodzia und Izik habe ich in Israel auch viele Ausflüge gemacht, um das wunderschöne Land kennenzulernen. Izik hat uns vieles erklärt und erzählt, er kennt sich in der Geschichte Israels sehr gut aus. Diese Freundschaft war für mich etwas ganz Besonderes. Ich konnte immer etwas dazulernen. In der Zeit, als ich in Israel gelebt habe, hatte ich keine Zeit und kein Geld, um Ausflüge zu machen. Ich hatte damals andere Verpflichtungen.

Ein Erlebnis mit meinen zwei Freundinnen in Israel muss ich an dieser Stelle erzählen:

Drei neugierige Frauen mit der Frage, was die Zukunft uns bringen würde, das waren wir. Lodzia hatte von unserer Schulfreundin Irka aus Argentinien gehört, dass es in Jerusalem einen Kabbalisten gibt, der uns die Zukunft voraussagen kann. Nichts wie hin. Es war ein aufregender Tag. Bis wir die Adresse gefunden hatten, dauerte es ewig. Endlich waren wir dort. Der Kabbalist aber war noch nicht da. Wir fragten uns: »Was machen wir?« Selbstverständlich blieb uns nach so einer Reise nichts anderes übrig als warten!

Lodzia wollte wissen, ob sie sich operieren lassen soll. Sie war schon sehr krank und von vielen Metastasen befallen. Pola wollte wissen, was mit ihrem Freund sein wird, und ich, wie mein Leben weitergeht, ob ich wohl auf ein bisschen Sonnenschein hoffen darf. Wir mussten lange warten, aber wir wollten es wissen.

Endlich kam der Kabbalist. Nun mussten wir die Entscheidung treffen, wer geht zuerst? Da ich ein Gast aus Deutschland war, beschlossen sie, ich solle zuerst gehen. Ich wurde wie in einer Arztpraxis aufgerufen, die Tür ging von innen zu. Der Mann machte einen vertrauenerweckenden Eindruck. Er erkundigte sich nach meinem Vornamen, dem Geburtsdatum und nach dem

Namen meiner Mutter. Er rechnete irgendetwas und nach einer Weile hob er den Kopf und sagte: »Mina, was du in deinem kurzen Leben durchgemacht hast, kann kein Mensch in zweihundert Jahren durchmachen.« Ich habe bitterlich geweint – das war wie ein Pfeil ins Herz. Ich bin nicht fanatisch und ich habe mich hinreißen lassen, zu diesem Kabbalisten zu gehen. Als er voll ins Schwarze traf, war ich platt. Zu meinem Erstaunen ist alles eingetroffen, was er vorausgesagt hat. Er warnte mich, dass meine Arbeit nicht sicher sei. Als ich zurückkam, sagte mir meine Chefin, Frau Zucker, in deren Firma ich als Diamantenverkäuferin gearbeitet habe, dass sie den Vertrieb stilllege, und ich musste mich nach einer anderen Arbeit umsehen. Das Zweite, dass ich noch viele Sorgen mit meinen Kindern haben werde, ist auch eingetroffen, und das Letzte, dass ich berühmt mit meiner Kunst werde, ist zum Teil eingetroffen – auf den ganz großen Erfolg warte ich noch. Lodzia hat er abgeraten, sich operieren zu lassen. Sie hat seinen Rat leider nicht befolgt; sie musste umsonst leiden, die Krankheit war schon zu sehr fortgeschritten. Pola sollte alles machen, um ihren Lebensgefährten zu heiraten. Diesen Rat hat sie auch nicht befolgt oder es war schon zu spät.

Beide habe ich in kurzer Zeit verloren; sie fehlen mir bis heute. Es hatte uns von Kind an eine sehr große Freundschaft verbunden; ein solcher Verlust ist nur schwer zu verkraften. Nachdem wir alle drei fertig waren, dachten wir, wer weiß, was das alles kostet, aber der Kabbalist wollte kein Geld von uns. Wir waren sehr erstaunt.

Wie ich Malerin wurde

Als Kind habe ich gerne gemalt, meine Vorliebe zu malen ist mir immer geblieben. Mein Leben war aber ausgefüllt mit meiner Familie, dem Haushalt, meiner Arbeit. Es war schlicht keine Zeit und ehrlich gesagt, war ich auch innerlich viel zu angespannt. Ich konnte mich als Mensch nicht entdecken. Ich habe einfach alles gemacht und funktioniert. Ich spürte immer, dass meiner Seele etwas fehlte. Erst als ich im Kindergarten angefangen habe zu arbeiten, habe ich mit Kindern auch viel gemalt. Da passierte etwas in mir: Ich dachte öfter an meine Kindheit. Später als meine Kinder aus dem Haus waren, das war Anfang 1979, habe ich auch zu Hause gemalt, gezeichnet, die Impressionisten kopiert – vor allem Blumen, von Manet oder von den holländischen Malern. Das hat mir einen Riesenspaß gemacht. Ich kam mir vor wie eine Künstlerin in meiner Naivität. Wie das Glück so spielt, habe ich im Künstlerbundcafé, während ich dort gearbeitet habe, einen berühmten Bildhauer kennengelernt, Hemmerle. Mein Gedanke – jetzt angeben mit meiner Kunst. Er war freundlich zu mir und schlug mir die Kunstschule von Aino Andresen in Gerlingen vor. Erst habe ich gezögert. Doch eines Tages habe ich bei der Schule angerufen; die Antwort lautete: »Kommen Sie und bringen Sie zwei bis drei Bilder, die sie gemalt haben, mit.« Das war der Anfang. Nun ging es weiter mit Stillleben: ein Feld, eine Blume, Jasmin, Rittersporn, ein Apfel, Mais und schließlich auch Landschaften. Die Bilder waren nicht schlecht. Wenn wir nicht weiterwussten, hat Aino Andresen einfach den Pinsel genommen und verbessert ohne zu erklären, warum – weshalb – weswegen. Eines Tages hatte die Gruppe vor, nach Kreta zum Malen zu fahren, und ich war sehr schwach bei Kasse. Ich wollte unbedingt mit, ich musste mir den Luxus leisten. Was tun? Es war kurz nach meiner Scheidung. Nicht lange zuvor hatte ich eine Lebensversicherung abgeschlossen und ich wusste, dass dort 3.000 DM waren – also habe ich die Versicherung gekündigt. Das Geld reichte gerade, um mitzufahren. Es war ein Erlebnis. Aino hat mir damals prophezeit, eine große Künstlerin zu werden. Außerdem war eine Teilnehmerin dabei, Hannelore Vogt, die mir sagte, ich solle doch in die Malschule von Dieter Kast kommen, mit meinen Fähigkeiten könne ich mich als Mallehrerein ausbilden lassen und mir so ein ökonomisches Standbein aufbauen. Ich befolgte ihren Rat. Aus Kreta brachte ich mindestens fünfzehn Bilder mit zurück und anschließend machte ich meine erste Ausstellung in Pforzheim in Künstlercafé Trok. Ich hatte Anfängerglück. Die Bilder waren niedlich und ich stand im Rampenlicht. Heute sehe ich das mit einem gewissen Humor, damals war ich wahnsinnig stolz. Erst auf der Kunstakademie habe ich eine richtige Grundausbildung bekommen. Mein Lehrer war der Leiter und Gründer der Schule Dieter Kast. Angefangen vom Zeichnen über Farbenlehre, Komposition, Anatomie – wir lernten alles von der Pieke auf. Wir wanderten auf den Spuren verschiedener Maler: Impressionisten, Postimpressionisten, Expressionisten, Fauvisten, befassten uns mit dem Klassizismus der Altmeister bis hin zu den Malern der Nachkriegszeit – dem abstrakten Expressionismus. Zu dieser Zeit hatte ich noch kein Auto und arbeitete schon in Pforzheim als Diamantenverkäuferin. Ich musste meine Malutensilien und die Leinwände für die Akademie im Zug mitschleifen. Erst zur Arbeit nach Pforzheim, danach nach Esslingen, wo die Akademie Am Rossmarkt 23 war. So ging es jahrein, jahraus. Später wurde die Malschule in Kunstakademie Esslingen umbenannt. Das viele Fahren war enorm anstrengend, aber der Gedanke ans Lernen und ans Malen verlieh mir Flügel. Ich habe geschuftet und wie in Ekstase gemalt. Manchmal habe ich die Zeit völlig aus dem Blick verloren und es kaum auf die letzte Bahn in Richtung Stuttgart geschafft. Die Gruppe hat sich gut verstanden und nicht selten sind wir im italienischen Lokal La Gondola versumpft. Das war unser Stammlokal. Seit 2002 ist das ganze Restaurant mit Bildern von mir ausgestattet. Die Besitzer haben sie erworben. Die Journalistin der Stuttgarter Nachrichten Heidemarie Hechtl schrieb über meine Gemälde im La Gondola: »Die Künstlerin M. Gampel hat Venedig nach Esslingen gebracht.«

Die Kunstakademie Esslingen ist eine freie und gemeinnützige Kunstschule, die sich aus der in den 1960er-Jahren von Dieter Kast gegründeten „Esslinger Schule“ entwickelt hat. Das Unterrichtsprogramm umfasst inzwischen ein breites Spektrum von Veranstaltungen und Kursangeboten, die auf unterschiedliche Weise Aspekte der Bildenden Kunst in Praxis und Theorie für jedermann eröffnen. Neben fortlaufenden Semesterkursen in den Bereichen Zeichnen, Malerei, Bildhauerei und Drucktechniken bietet sie Einzelkurse und einen zertifizierten Jahreskurs an. Kunstvorträge und Ausstellungen ergänzen das Kursprogramm. Die Kollegialität stimmt bei uns, der Spruch »Nur gemeinsam können wir stark sein« wird bei uns tatsächlich mit Leben gefüllt.

Seit 1993 unterrichte ich als Dozentin dort mehrere Klassen. Die Studierenden bekommen von mir eine fundierte akademische Ausbildung: Zeichnen und Malen. Mit meinen Studierenden habe ich Landschaften gemalt und herrliche Zeiten miteinander verbracht. Wir waren am Bodensee in Langenargen, im Hotel Schwedi bei Familie Göppinger, in der Toskana in Florenz in der Casa Nuova, in der Provence in Aurel bei Monsieur Jaques, in Sizilien in der Villa Rossa bei Giovanni Irici. Wir haben bei allen Reisen nicht nur gemalt, sondern immer auch die Städte besucht, alle Sehenswürdigkeiten und Museen besichtigt. Das künstlerische Programm auf all diesen Reisen war etwas Besonderes und das Kulinarische kam nie zu kurz – es war eine Wohltat. Was in der Bilanz für die Teilnehmer besser war – Kunst oder Gaumenfreude – darüber kann man sich streiten. Für mich war jede Reise alles in allem eine unvergessliche Zeit.

Parallel genoss ich fast zehn Jahre eine Ausbildung an der Akademie der Bildenden Kunst in Trier. Mein Lieblingslehrer war Matthias Kroht. Es war eine andere Malweise als in Esslingen. Dort haben meine Bilder an Format gewonnen. Wir Studenten erhielten Unterricht durch die besten Professoren aus der ganzen Welt. Zunehmend begann ich damals Museen zu besuchen. Ich war im Prado, in der Sammlung Thyssen-Bornemisza oder der Doña Sofía. In Paris blieb ich stundenlang im Louvre und Le Dorse, in London in der Tate Gallery und im British Museum, in New York im Metropolitan Museum of Modern Art und im Guggenheim Museum. In Madrid habe ich mit Begeisterung die ausdrucksvollen Bilder im Prado betrachtet. Ich habe die Gemälde von Francisco de Goya, dem größten Maler des 18. Jahrhunderts, geradezu verschlungen. Dann die Manieristen, zum Beispiel El Greco, ein Spanier, der aus Griechenland stammte. Seine starken Bilder, seine Menschen und Farben raubten mir den Atem. Die Franzosen Monet, Manet und andere Impressionisten wie Vincent van Gogh, Paul Gauguin beeindruckten mich zutiefst. Aus England waren es vor allem die Landschaften von William Turner, die mich begeisterten. Die Szenen am Meer und wie Turner mit dem Licht arbeitet – großartig. Ich habe gelesen, dass er sich an ein Schiff binden ließ, um mit seinem fotografischen Auge die Szene festzuhalten. Ich verschlang seine Bilder. Ebenso beeindruckte mich Dürer – ein exzellenter Zeichner und Maler des 15. Jahrhunderts. Albrecht Dürer hat das Raster erfunden. Schließlich der Barockmaler Caravaggio, die flämischen Maler Peter Paul Rubens oder der Spanier Diego Velázquez – beim Betrachten ihrer Bilder eröffnete sich mir ein Kosmos. Nicht zu vergessen den größten Maler: Rembrandt. Einer der größten Maler unserer Zeit ist in meinen Augen Gerhard Richter. Das Ausmaß seines Erfolges ist phänomenal. Er zeigt mit seinen Experimenten und Ideen Wissen und Können gleichermaßen, so wie seine Kollegen aus der Leipziger Schule. Die Gruppe der abstrakten Künstler dagegen, wie zum Beispiel Richard Long, Lawrence Weiner oder Jeff Koons, haben zwar Ideen, aber andere stellen nach ihren Anweisungen deren Kunst her.

Ich habe mich mit allen befasst – auch mit den Surrealisten, den Dadaisten. Sie alle sind berühmt geworden nach ihrem Ableben. Nur einige wie Picasso, Kandinsky, Gerhard Richter oder Marc Chagall waren bereits zu Lebzeiten berühmt. Und da sage ich: Ich möchte malen und berühmt werden, während ich noch lebe.

Kunst ist eine essenzielle Ausdrucksform, die Menschen verbindet und die persönliche Lebenserfahrung zum Ausdruck bringt. Meine Vorlieben sind Porträts und Menschen sowie Blumen. Viele Maler beschäftigen sich mit Erotik, Gewalt, Brutalität und Angst. Ich befasse mich mit Liebe, Leben und Hoffnung. Ich male Charaktere und versuche, deren Gefühle seelisch zu erfassen und auf die Leinwand zu bannen – vor allem schaffe ich immer wieder jüdische Motive. Ich vermittle mit diesen Bildern das Leben der Ostjuden, wie fleißig mein Volk in der ganzen Welt war und wie viele bedeutende Menschen es hervorgebracht hat: von Moses Mendelssohn bis Kurt Tucholsky, von Spinoza bis Albert Einstein, in Literatur, Kunst, Forschung und Politik. Die Museen zeigen viele Bilder jüdischer Künstler trotz der Schwierigkeiten, die gerade ihnen überall begegneten. Zu bemerken ist, jüdische Motive oder Porträts, die von Künstlern jüdischer Herkunft stammen, gibt es nur wenige. Künstler sind keine Politiker, oder doch? „Mein Mädchen an der Mauer" ist eine Auseinandersetzung mit dem Zweiten Weltkrieg. Bilder sind Symbole einer Stimmung. Wenn ich ein Buch lese, entsteht nicht selten ein Gemälde daraus. Als ich mich intensiv mit Immanuel Kant befasste, stieß ich auf seine Beschreibung des wunderschönen

Universums. Mein Bild „Frau im Universum“ malte ich unmittelbar danach. Was mich beschäftigt, erzähle ich mit meinem Pinsel auf der Leinwand. Wenn ich glücklich bin, entstehen Blumen – ohne Vorlage: Flieder, Mohn, Iris und andere. Ich habe die Blumen einfach im Herzen. Blumen sind wie Menschen, sie müssen gepflegt werden, dann wachsen und gedeihen sie. Ich spüre den Duft der Blumen, die ich male, und meine gemalten Blumen welken nie. Eine Journalistin schrieb in der Stuttgarter Zeitung: »Die Malerin Mina Gampel malt Blumen und Landschaften, um sie vor einem Unwetter zu schützen.« Die abstrakten Menschen in Farbkomposition sprudeln aus meinem tiefsten Innern. Die Bilder sind wie eine Geburt mit dem einen Unterschied: ohne Schmerzen, aber mit Inbrunst. Ich setze mich mit meinen Bildern auseinander und schaffe mir zum Arbeiten eine Atmosphäre, die mich stimuliert. So male ich eine Ballerina bei klassischer Musik, meine Shtetl-Bilder mit Klezmer Musik. Am stärksten ist mein Drang zu malen nach Museumsbesuchen, Kunstvorträgen oder Vorlesungen. Seit fast zehn Jahren studiere ich im Rahmen des Studium Generale an der Universität in Stuttgart unter anderem Kunstgeschichte und Alte Geschichte. Wenn ich eine Zeit lang nicht zum Malen komme, dann jucken mich meine Hände. Ich kann ohne das nicht mehr leben. Ich brauche das Malen wie die Luft zum Atmen. So bewegt wie mein Leben war und ist, so sehen meine Bilder aus. Vergangenheit, Gegenwart und Zukunft – alle Fassetten finden sich in meiner Malerei. Um dahin zu gelangen, musste ich alle Stationen der Lehre über mich ergehen lassen. Ich kann ganze Nächte malen, Zeit und Raum vergessen. Meine Art des Malens ist klassisch modern. Meine Wohnung gleicht einer Galerie. Ich bin umgeben von meinen Bildern und es kommt nicht selten vor, dass ich Bilder, die ich vor Jahren gemalt habe, plötzlich nicht mehr mag oder gut finde und sie überarbeite. Zuletzt habe ich auch mein Können in der Restauration von Bildern bei Bösner (Firma für Kunstbedarf) in Stuttgart und Karlsruhe gezeigt.

Meine erste Ausstellung war wie gesagt im Künstlercafé Trok in Pforzheim. Danach konnte ich im Stuttgarter Rathaus in der Woche der Brüderlichkeit einige Bilder zeigen. Die Laudatio für mich hielt der damalige Leiter des Kulturamtes Herr Dr. Ostberg.

In den „Club des Arts“ in Nancy wurde ich eingeladen, um Bilder auszustellen, ebenso nach Karlsruhe und nach Baden-Baden. Über die dortige

Ausstellung schrieb eine Reporterin: »So wie man die Sonne auf den Bildern von van Gogh spürt, so spürt man den Duft der Blumen bei den Bildern von Mina Gampel in der Galerie.« Besonders freute ich mich damals, als ich auf Einladung der Initiative Hechinger Synagoge e.V. in der alten Synagoge ausstellen konnte. In Halle an der Saale wurden meine Bilder im Staatstheater anlässlich der 400-Jahr-Feier der jüdischen Gemeinde gezeigt. Es waren Prominente aus ganz Deutschland anwesend und der Vorsitzende des Zentralrats der Juden in Deutschland, Ignatz Bubis, war auch da. Unser Landesrabbiner a.D. Joel Berger hielt für mich die Laudatio. Zu einer Ausstellung in Halver lud mich das Anne-Frank-Gymnasium ein. Dort sollte ich nicht nur ausstellen, sondern auch unterrichten und über mein Leben und meinen Weg als Künstlerin sprechen. Es war ein großartiges Erlebnis. Ich habe die höheren Klassen insgesamt neun Stunden unterrichtet. Am Anfang dachte ich: Das schaffst du nie und nimmer. Damals hatte ich meine Ausbildung als Dozentin noch nicht abgeschlossen. Die Schüler im Alter von vierzehn bis sechzehn Jahren verhielten sich, wie Jugendliche sich in diesem Alter eben verhalten. Sie hörten nicht zu und waren mit sich selbst beschäftigt. Da habe ich einfach die Kreide aus der Hand gelegt und sagte den Schülern, das waren sechzig an der Zahl: »Aus dem Kicheralter bin ich noch nicht raus. Wenn ihr Kichern wollt – bitte – machen wir eine Pause und ihr kichert, was das Zeug hält, aber danach bitte ich euch, mir eine Stunde eure Aufmerksamkeit zu schenken, damit ich euch zeigen kann, was ich euch beibringen möchte.« Schlagartig wurde es mucksmäuschenstill. Nach einer Stunde habe ich nur gefragt: »Sollen wir aufhören?« Die Antwort war: »Keine Pause, weitermachen!« Die Lehrerin war sprachlos und ich auch. Erst habe ich unterrichtet, danach im Festsaal des Gymnasiums über mein Leben und mein künstlerisches Schaffen gesprochen. Es war das ganze Gymnasium anwesend: alle Lehrer, der Direktor und die Eltern. Mindestens sechs Zeitungsartikel wurden über mich geschrieben. Ich war glücklich und stolz.

Ich möchte darüber berichten, wie die Ausstellung in der Städtischen Galerie im Neuen Schloss in Meersburg am Bodensee zustandekam. Meine Bilder waren unterwegs in Polen. Es waren dort eine ganze Reihe von Ausstellungen: Tarnowskie Góry, Krakau, Zakopane und so weiter. Da überraschte mich ein Telefonanruf, ob ich bereit wäre, in Meersburg im Neuen Schloss auszustellen.

Ich war sprachlos und habe zugesagt, weil es noch vier Monate bis zum Beginn der Ausstellung war. Die Kulturamtsleiterin von Meersburg hatte mir verraten, dass ihr Vorgänger ihr meine Bilder ans Herz gelegt hatte. Er hatte meine Bilder in Schloss Salem gesehen. Ich war sehr glücklich über diese Möglichkeit. Vor mir waren im Neuen Schloss Bilder von Salvador Dalí zu sehen gewesen und nach mir von Friedensreich Hundertwasser. Zahlreiche Reportagen erschienen über die Ausstellung und auch das Fernsehen berichtete darüber.

Durch diese Ausstellung in der Städtischen Galerie im Neuen Schloss zu Meersburg habe ich die Familie Müller kennengelernt.

Die Müllers sind durch meine Ausstellung in Meersburg nämlich auf mich aufmerksam geworden, weil ich auch aus Pinsk bin und sie wollten mich näher kennenlernen und treffen; deshalb haben sie an die Kunstakademie Esslingen, an der ich unterrichte, geschrieben. So haben sie mich schließlich gefunden und auch in Stuttgart besucht. Sie sind wunderbare Menschen; sie helfen vielen bedürftigen und verfolgten Menschen und gehören der Organisation „Weißer Ring“ an. Über einen Juden aus Pinsk, Piotr mit Namen, haben sie ein Buch geschrieben, das ich mit großer Freude gelesen habe. Dieser Jude ist von einem deutschen Offizier aus dem Pinsker Ghetto gerettet worden. Auch unter den Deutschen gab es anständige Menschen. Leider hatten zu wenige die Courage.

Die Ausstellungen in Polen kamen zustande durch die Initiative von Pfarrer Witold Broniewski. Pfarrer Broniewski lernte ich kennen an einem 3. Mai (poln. Unabhängigkeitstag) in der Pause einer Veranstaltung in Ludwigsburg. Wir kamen miteinander ins Gespräch und ihm kam der Gedanke, nachdem er gehört hatte, dass ich Jüdin aus Polen bin und meine Bilder jüdische Themen aufgriffen, es wäre sehr interessant, meine Bilder in Polen in verschiedenen Städten zu zeigen. Ich sagte zu ihm, wenn Sie mich nicht zum Christentum bekehren wollen, können wir über alles reden. Broniewski stellt alljährlich an Weihnachten Krippenfiguren am Stuttgarter Bahnhof aus, die von Schülern einer Kunstschule „Kanar“ in Zakopane (Polen) hergestellt wurden. Herr Gura unterstützte Broniewski bei der Organisation meiner Ausstellungen. So kamen meine Bilder also erstmals in das Land, in dem ich aufgewachsen war und dem ich mich noch immer sehr verbunden fühle. In Tarnowskie Góry gab es keinerlei Überreste jüdischen Lebens mehr. Wie in vielen polnischen Städten war jede Spur jüdischer Existenz ausgelöscht worden. Meine Ausstellung war gut besucht, ich wurde freundlich aufgenommen und ich fühlte mich nicht unwohl. In Krakau fand meine Ausstellung im jüdischen Viertel Kazimierz statt, im Haus der jüdischen Kultur, sogar der deutsche Konsul war anwesend. Krakau ist heute eine eine wunderbar restaurierte Stadt. Ich habe es genossen auf meinen Spaziergängen, die Stadt zu erkunden und mich besonders im jüdischen Viertel umzusehen. Ich habe mir die Synagogen angeschaut und den jüdischen Friedhof. Für eine Jüdin ist es durchaus gewöhnungsbedürftig, dass heute die nicht mehr wirklich vorhandene jüdische Kultur auch kommerzialisiert wird. Das angeblich jüdische Essen ist geschmacklich doch recht weit entfernt von den kulinarischen Köstlichkeiten der wirklichen jüdischen Küche. Was mich am meisten emotional berührt hat, war der Besuch der Synagoge, in der der Gelehrte Moses Isserles, der auch Autor der Ergänzungen des „Gedeckten Tisches" (Schulchan Aruch) war, gewirkt hat und daneben auf dem jüdischen Friedhof bestattet ist. Dieser Besuch hat meine Seele ergriffen und bewegt – es war ein ganz besonderer Moment. Ich hatte zuvor so viel aus diesem Buch gelernt und jetzt war ich am Ort, an dem Isserles gewirkt hatte. Einige Jahre später habe ich auch in Warschau meine Bilder gezeigt. Ich war zuvor bereits in Warschau gewesen, aber die Stadt hatte sich seit der Integration in die Europäische Union unglaublich verändert. Sie war nicht wiederzuerkennen. Ich streifte durch die Straßen, besuchte alle Museen vor Ort, die Altstadt Warschaus und ich war am Gedenkstein für das Warschauer Ghetto. Alle jüdischen Friedhöfe und Synagogen musste ich sehen – es war wie eine Zeitreise in die Vergangenheit. Meine Freunde, Małgorzata und Emil, fuhren mich kreuz und quer durch die Stadt. Ich konnte bei ihnen übernachten und wir haben anregende Zeiten gemeinsam erlebt. In Warschau findet alljährlich in Erinnerung an Isaac Bashevis Singer ein jüdisches Festival statt. Die Veranstalterin war Golda Tentzer, die das sehr professionell organisierte. Ich hatte mich um eine Teilnahme beworben und konnte meine Bilder im jüdischen Theater zeigen. Es war ein toller Rahmen und ich zeigte nicht nur meine Bilder mit jüdischen Genreszenen, sondern konnte auch einige andere der breiten Öffentlichkeit präsentieren.

In Warschau war ich vor einigen Jahren noch einmal. Ich hatte Kontakt zu den beiden jüdischen Museen der Stadt – ZIH und Polin – bekommen und beide machten Interviews mit mir über meine Lebensgeschichte und meine

Kunst. Das neue Museum besitzt eine große Fotosammlung. Leider wissen die Mitarbeiter bei vielen Fotos nicht, wer auf ihnen zu sehen ist. Ich konnte ihnen helfen und einige identifizieren. Die Mitarbeiter des neuen Museums machten sogar die Unterlagen ausfindig, die mir den Grund für die Verhaftung meines Vaters durch die polnische Regierung 1949 erstmals offenbarten. Ich war erstaunt, als ich Kopien dieser Dokumente in Händen hielt.

Nach wie vor pflege ich Verbindungen zum alten jüdischen Museum in Warschau. Den Kontakt hatte damals Róża Król hergestellt. Róża lebt in Stettin und ist die Vorsitzende des dortigen jüdischen Kulturvereins. Sie hatte sich bei mir nach meiner Ausstellung in Warschau gemeldet, weil sie meine Bilder sehr mochte und in mir und meinem Schaffen einen Teil der Stettiner Stadtgeschichte sah. Professor Broniewski stellte den Kontakt her, damit ich in Stettin im Schloss der Pommerschen Herzöge ausstellen konnte, Róża hat mich dabei sehr unterstützt. Sie hatte zuvor bereits ein Treffen ehemaliger in Stettin lebender Juden aus meiner jüdischen Schule organisiert. Ich habe das Bedürfnis zu beschreiben, wie die Ausstellung im Museum des Schlosses der Pommerischen Herzöge in meiner Heimatstadt Stettin zustandekam. Das war ein ganz außergewöhnliches Erlebnis für mich! Zweimal bin ich im Museum erschienen und als Direktor Schulz mir eine Ausstellungszusage gab, tat er das mit den Worten: »Es gibt wenige Menschen, die das Recht haben, hier auszustellen – Sie sind die erste.« Róża Król half bei der Vorbereitung. Sie hatte ein Treffen aller Schüler aus der Peretz-Schule in Stettin organisiert. Es sind Hunderte aus der ganzen Welt gekommen, auch viele meiner Klassenkameraden. Es war ein wunderbares Treffen nach so vielen Jahren. Manche hatte ich fünfzig Jahre nicht gesehen. Ich habe manche nicht erkannt. Die Überraschung war, nicht jeder wusste, was aus mir geworden war. Die Menschen hatten Polen 1957 verlassen und seitdem hatten wir uns aus den Augen verloren. Meine Schulfreunde sahen meine Bilder und manche weinten vor Freude. Einige Teilnehmer des Treffens hatten Stettin nur deshalb verlassen müssen, weil sie Juden waren: Das war die Zeit von Gomulka 1968/69. Es gab praktisch keinen anderen Ausweg, als zu gehen: Juden wurden entlassen, ihre Wohnungen gekündigt, damit war ihnen jede Lebensgrundlage entzogen. Israel hat viele von ihnen aufgenommen, andere gingen nach Amerika, der Rest nach Dänemark und Schweden.

Vor diesem Treffen in Stettin war ich bereits in Dänemark und Schweden, wo ich sie als Flüchtlinge kennengelernt habe. Häufig Intellektuelle. Sie leben dort sehr verbunden, veranstalten Ferienlager wie in Polen, mit Polnischem Theater – man fühlte regelrecht bei ihnen die Sehnsucht nach ihrer verlassenen Heimat. Manche von ihnen wussten lange nicht, dass sie Juden sind. Das Treffen in Stettin war etwas sehr Besonderes, deshalb kamen Journalisten von Fernsehstationen, Radiosendern und Zeitungen, um darüber zu berichten. Viele der Teilnehmer brachten Familienangehörige mit. Sie wollten ihnen zeigen, wo sie früher gewohnt hatten. Nicht überall wurden wir eingelassen, manchen war das gar nicht recht, andere haben sich richtig gefreut und uns erkannt. Róża Król hatte das perfekt organisiert, sie hat Stettin nie verlassen und kümmert sich bis heute um das kulturelle jüdische Leben der Stadt. Es gibt noch eine kleine Zahl Juden in Stettin, vor allem in gemischten Ehen. Im Rahmen des zweitens Treffens, das auch Róża Król auf den Weg brachte, fand dann meine Ausstellung mit Pressekonferenz, Funk und Fernsehen statt. Einige Jahre später unterstützte ich Róża bei der Übersetzung von Gedichten von Elias Reismann aus dem Jiddischen ins Polnische. Als diese Gedichte zum ersten Mal der Öffentlichkeit vorgestellt wurden, hatte ich wieder eine Ausstellung, dieses Mal mit Zeichnungen in Stettin. Zeitgleich fand das dritte Treffen der ehemaligen Schüler der Peretz-Schule statt.

Ich fahre sehr gerne nach Polen. Vor allem natürlich nach Stettin, an den Ort, wo ich meine Jugend verbracht habe. In mir sind so viele Erinnerungen, die ich einfach nicht vergessen kann und will. Manche Straßen sind so geblieben, wie sie waren, vor allem in dem Stadtteil „Nebuszewo“, wo wir gelebt haben. Die Straßenbahn ist noch die gleiche – nur erneuert. Der Kasprowicza-Park mit seinen Brücken, durch den ich in die Schule ging, und sogar die Bäckerei „Gerber“ sind noch vorhanden. Und zwei alte Freunde meiner Clique, Ola und Heniek, eine Freundin meiner Schwester Regina, Niusia, sind noch da. Sonst gibt es vor Ort keine alten Freunde mehr. Nur auf dem jüdischen Friedhof sehe ich die Namen vieler Menschen, die ich noch nicht vergessen habe. Vieles hat sich in Stettin aber auch geändert. Die Ruinen und maroden Häuser sind verschwunden. Stattdessen sind prachtvolle Gebäude entstanden. Theater und Museen wurden restauriert, sogar eine neue Philharmonie wurde gebaut. Bei jedem Aufenthalt besuche ich die Gräber der Familienangehörigen meines

Schwagers. An der Gorkistraße lag ein jüdischer Friedhof, der heute ein leerer Platz ist. Drum herum entstanden neue Häuser. Auf dem Platz befindet sich eine Wiese und zahlreiche Grabsteine wurden als Obelisk an einer Stelle zusammengestellt. Der Friedhof lag früher am Stadtrand und als Stettin wuchs, lag er plötzlich mitten einer Wohnsiedlung. Wo es noch Verwandte gab, die sich um Begrabene kümmerten, kam es zur Exhumierung und Verlegung der Toten auf den jüdischen Teil des Hauptfriedhofs der Stadt. Darunter die Verwandten meines Schwagers sowie Lehrer, Freunde und Bekannte von mir.

Häufig habe ich Auseinandersetzungen und Diskussionen mit meinen polnischen Freunden; die sind nämlich pikiert, wenn ich von der Haltung vieler Polen den Juden gegenüber in der Vergangenheit erzähle: die ist nicht immer positiv gewesen und ist es auch heute noch nicht. Ich möchte niemandem wehtun, doch die Wahrheit ist anders. Meine Eltern und meine Familie, die sehr viel Schlimmes erlebt hatten, haben sich das nicht ausgedacht. Mir ist bewusst, dass nicht die Polen die sechs Millionen Juden umgebracht haben, viele waren jedoch gute Helfer. Es gab auch einen sehr bedeutenden Widerstand unter General Wladisław Sikorski; seine Soldaten haben gegen die Nazis in Frankreich und in England gekämpft, ein Teil von ihnen waren erstklassige Piloten. Die Soldaten, die nach Sibirien verschleppt worden waren, kämpften in der russischen Armee mit. Ein Teil der Geschichte von Juden und Nichtjuden in Polen ist eben auch die Geschichte eines Antisemitismus, der sich nicht selten gewalttätig geäußert hat. Doch sind in Yad Vaschem die Bäume auf der Allee der Gerechten unter den Völkern überwiegend Polen gewidmet, die Juden nach 1939 unter Lebensgefahr gerettet haben. Das ist die andere Seite der Medaille. Ich persönlich hatte die schönste Kindheit in Polen und bin glücklich, polnische Freunde zu haben. Wie ich schon berichtet hatte, mussten auch in der jüngsten Zeit 1968/69 polnische Bürger unfreiwillig das Land verlassen, in dem angeblich Gleichheit und Brüderlichkeit herrschte, mussten Menschen ihre Koffer packen, nur weil sie Juden waren. Es gab Polen wie Janusz Korczak, Leiter eines jüdischen Kinderheims, der seinen eigenen Tod in Kauf nahm, um die Kinder beim Gang in die Gaskammern nicht alleine zu lassen.

Dennoch fühlte und fühle ich mich Polen immer in einer Weise verbunden, wie es einer Heimat zukommt. Deshalb habe ich auch nirgendwo so oft und gern meine Bilder gezeigt wie dort.

Während eines meiner Aufenthalte in Israel haben wir, meine Freundin Tsippi und ich, am Toten Meer den Zahnarzt Andrzej kennengelernt. Er hat mehrere Jahre bei den Blauhelm-Soldaten als Zahnarzt zwischen Israel und Syrien Dienst getan und ist ein Bewunderer Israels. Aus dieser Begegnung ist eine nette Freundschaft entstanden. Andrzej, der herzensgute Mensch, ist auch ein Schlemiehl, ein „Pechvogel". Es trifft auf ihn der Spruch zu: »Ein Schlemiehl fällt auf den Rücken und zerbricht sich die Nase.« Nur ein Beispiel: Wenn er eine Arbeit hat, dann verliert er sie durch Vetternwirtschaft. Nachdem er in Polen zurück war, habe ich einen Anruf bekommen, ob ich nicht eine Ausstellung in der kleinen Ortschaft Kołczygłowy (Alt Kolziglow) in Pommern machen wolle, wo er seine Zahnarztpraxis hatte. Nach meiner Zusage war ich dort eine regelrechte Sensation mit Funk und Fernsehen und Einladungen an Grundschulen und am Gymnasium, wo ich den Kindern meine Lebensgeschichte erzählen konnte. Die Kinder haben mit Interesse meine jüdischen Bilder betrachtet und sich mit meinem Leben auseinandergesetzt. Die Begegnung mit den Kindern war sehr schön; sie waren aufgeschlossen und stellten viele Fragen. Ich hatte das Gefühl, dass sie mich am liebsten dabehalten wollten. In der Kirche dieses kleinen Ortes hat übrigens Otto von Bismarck geheiratet. Das Kulturamt hat mir eine wunderschöne Wohnung zur Verfügung gestellt. Der Bürgermeister Wacław Koslowski hatte sich mit meinem Besuch viel Mühe gegeben. Und Andrzej zeigte mir die Städte Gdańsk (Danzig), Gdynia und Sopot.

Die zweite von Andrzej organisierte Ausstellung fand in Ostrów Wielkopolski statt. Da war ich auch eine Sensation. In der Mitte der Stadt war aus einer ehemals verwüsteten und danach restaurierten Synagoge eine Kulturstätte entstanden: Sie war in ihrer ursprünglichen Pracht wieder zu neuem Leben erwacht. Auf der Empore, wo normalerweise die Frauen beim Gottesdienst sitzen, haben sie ein Museum eingerichtet; unten in dem großen Raum werden verschiedene Veranstaltungen durchgeführt. Auf dem zerstörten jüdischen Friedhof hat man aus den Trümmern der Mazzewot (Grabsteine) eine Erinnerungsstätte gemacht. Das alles wurde gemacht, aber jüdische Bürger gibt es dort keine mehr. Die Kulturleiterin Frau Ewa Matecka ist persönlich mit einem Mitarbeiter nach Stuttgart gereist, um meine Bilder abzuholen, und sie machte die Vorbereitungen sehr gekonnt. Ihre Mitarbeiterinnen, Frau Aleksandra Kielb-Szawula, genannt „Ola", und Małgorzata Przeniczna, genannt „Gosia", zusammen mit der Kulturleiterin haben mir eine unvergessliche Ausstellung mit Presse, Funk und Fernsehen arrangiert. Auch meinen Aufenthalt haben sie mit Besichtigungen in der ganzen Umgebung vorbereitet; Polen ist sehr schön mit seinen Schlössern und seinen überaus freundlichen Menschen. Gosia war mir als dauernde Begleiterin zugeteilt. Eine unvergessliche Besichtigung hatten wir in Wrocław (Breslau) auf dem alten jüdischen Friedhof an der Ślężna-Straße. Auf Polnisch heißen die jüdischen Friedhöfe auch Kirkuty, ein Wort, das sich vom deutschen „Kirchhof" ableitet. Heute ist dieser Friedhof ein „Museum für Friedhofskunst" (Muzeum Sztuki Cmentarnej); auf ihm befinden sich Gräber von bedeutenden jüdischen Persönlichkeiten wie z. B. von Heinrich Graetz, dem Gründer der historischen Schule und Autor einer Geschichte der Juden von den biblischen Zeiten bis zum neunzehnten Jahrhundert, von Auguste und Siegfried Stein, den Eltern von Gertrude Stein, von Ferdinand Lassalle, dem Gründer der Arbeiterpartei im neunzehnten Jahrhundert, so wie noch von vielen bedeutenden Rabbinern, Künstlern und Forschern seligen Angedenkens. Es war sehr rührend – es war wie eine Reise in die Vergangenheit; fast überall habe ich ein Steinchen hingelegt.

Die Reporterin der Olsztyner Zeitung, Frau Ewa Mazgal, hat den langen Weg von Olsztyn (Allenstein) bis Ostrów Wielkopolski nicht gescheut; inzwischen bin ich mit ihr befreundet und sie hat mich schon in Stuttgart besucht. Die Freundschaft ist dadurch entstanden, dass ich zu einem Jüdischen Kulturfestival in Olsztyn (Allenstein) eingeladen wurde, um eine Ausstellung zusammen mit der Veranstalterin des genannten Festivals und der Malerin Eva Pohlke zu machen. In Olsztyn gibt es seit zwanzig Jahren eine Historische Gesellschaft mit Namen „Borussia". Sie organisieren viele kulturelle Veranstaltungen; so haben sie mit Spenden das Tahare-Häuschen (das Häuschen, in dem die Leichen gewaschen wurden), gebaut von dem bedeutenden jüdischen Architekten Erich Mendelsohn in der ersten Hälfte des 20. Jahrhunderts, das am alten jüdischen Friedhof steht und jetzt renoviert ist, als Kulturstätte für verschiedene Veranstaltungen eröffnet. Der Bau ist wunderschön! Ewa Mazgal hat mehrere Artikel über mich und meine Kunst geschrieben, darunter auch eine Reportage über meinen Aufenthalt am Ort. In Olsztyn wurde ich von einer Mitarbeiterin der „Borussia" herumgeführt, man hat mich in der Kunstakademie vorgestellt und mich mit den wichtigsten Personen der Stadt bekannt gemacht.

Eine sehr schöne Ausstellung hatte ich schließlich in Laupheim im Museum zur Geschichte von Christen und Juden. Nachdem in der „Jüdischen Allgemeinen“ darüber berichtet worden war, bekam ich ein Schreiben Hedwig Brenner. Sie ist Herausgeberin der „Enzyklopädie der Jüdischen Künstler“ und nahm mich als jüdische Künstlerin in das Verzeichnis auf. Durch die Verbindung mit Hedwig ist schließlich eine Ausstellung in Israel im Museum Jaffo-Tel-Aviv und in Haifa möglich geworden. Ebenso in Berlin und in London. Hedwig Brenner ist in Czernowicz geboren und lebt in Haifa. Sie hat auch ein sehr spannendes Buch über ihr Leben geschrieben mit Unterstützung der Fotografin und Journalistin Christel Vollmann-Fiedler. Die beiden waren seelisch miteinander verbunden. Es war ein Geschenk, dass ich ihnen begegnet bin.

Wie es zu meinen Ausstellungen kam, habe ich beschrieben. Anfangs habe ich mich um Ausstellungen bemüht, zwar nicht immer mit Erfolg, aber meistens doch. Als ich dann schon ein wenig Erfolg hatte, die Zeitungsartikel immer mehr wurden und sehr interessante Artikel über mich und meine Kunst erschienen, kamen zunehmend Angebote. In Stettin zum Beispiel haben alle Zeitungen über mich und meine Bilder geschrieben, alle Fernsehstationen meine Bilder gezeigt. In Tarnowskie Góry war auch das Fernsehen da. Es war eine Doppelausstellung in der Galerie Inny Śląsk und im städtischen Museum. In Meersburg hat das Eurobodensee-Fernsehen 3 meine Bilder ausgestrahlt. In Ostróda (= Osterode) war das polnische Fernsehen da und in Ostrów Wielkopolski wurde meine Ausstellung im polnischen ARTE den ganzen Tag hindurch zur vollen Stunde gezeigt. Ich bewerbe mich in Galerien und Museen. Eine nette Begebenheit habe ich mit dem Zweiten Deutschen Fernsehen erlebt. Schade, dass es so wenige solcher Menschen auf dieser Welt gibt: Es kam zwar eine Absage, aber so nett verpackt, dass ich froh war, mit einem solchen Menschen in Berührung gekommen zu sein.

Das Wichtigste besteht darin, dafür Sorge zu tragen, dass man nicht in Vergessenheit gerät. Seit ein paar Jahren bekomme ich viele Angebote zu Ausstellungen, die mir richtig Spaß machen. Auch mit meinen Kollegen von der Kunstakademie in Esslingen veranstalte ich Ausstellungen. Eine dieser Ausstellung in der Galerie 13 in Esslingen wandelte auf den Spuren von Kurt Schwitters: Er war ein deutscher Maler, ein Dadaist. Sein Projekt war der „Merzbau“, eine grottenartige Collage-Skulptur, an der Schwitters etwa zwanzig Jahre lang in seinem Haus in Hannover gearbeitet hat. Das Haus wurde bei einem Bombenangriff zerstört. Und auch andere Ausstellungen haben wir noch gemeinsam auf die Beine gestellt. Mit solchen Kollegen zu arbeiten – in einer solchen Intensität – ist ein Riesenspaß und sehr bereichernd.

Menschen, Bekannte, Freunde – Begegnungen

Der berühmte Philosoph Martin Buber hat schon gesagt: »Die Begegnungen mit Menschen prägen unser Leben« und damit hat er absolut recht.

Ich habe in meinem Leben sehr viele Menschen kennengelernt. Ich bin gern in Gesellschaft und lade Menschen gern zum Essen, zum Plaudern und auf einen Tee ein. Sich mit anderen auszutauschen und gemeinsam mit den unterschiedlichsten Menschen Zeit zu verbringen, hat in meinem Leben immer eine zentrale Rolle gespielt.

Wunderbar waren die Treffen mit einem Ehepaar aus den GUS-Staaten, der Familie Käufman: Er, Valeryj, war Herausgeber dreier Bücher über bedeutende Künstler in russischer Sprache, Kunstliebhaber und erfolgreicher Wissenschaftler in Kunstgeschichte. Er schrieb über mich mehrere Artikel, die er in Stuttgart und in Russland veröffentlicht hat. Bei dem letzten Gespräch, das wir führten, erzählte er mir einen herrlichen Witz, der zum Thema meiner Bilder passt: „Drei Juden sitzen in einem Café: einer liest die jüdische Zeitung und weint, der zweite liest den ‚Stürmer' und lacht. Der dritte fragt den ersten: »Warum weinst du denn, wenn du die jüdische Zeitung liest?« Und der gibt zur Antwort: »Da steht etwas über getötete Juden drin, deshalb muss ich weinen.« Da fragt er den zweiten, denjenigen, der den Stürmer liest und lachte. Antwortet der: »Im ‚Stürmer' steht geschrieben, dass die Juden die Welt regieren: da muss ich ja lachen.«"

So sieht die Wirklichkeit aus! Diese Vorurteile kann man nicht aus den Köpfen entfernen! Leider ist Valery Käufman bereits verstorben. Wir haben sehr anregende und interessante Gespräche geführt, die mir fehlen.

Überhaupt Freundschaft. Ein wichtiges Thema. Männer kommen und gehen, echte Freunde bleiben, auf die ich mich verlassen kann. Da erinnere ich mich an ein Zitat von Eli Wiesel: »Wie erkennt man einen Freund? Wenn es dir schlecht geht und er hilft dir, das ist kein Kunststück, aber wenn es dir gut geht und er gönnt es dir, das ist der wahre Freund.«

Am Anfang war ich so ausgefüllt mit meinem Leben, mit der Familie und der Arbeit, deshalb war wenig Platz für große Freundschaften, mit der

Ausnahme von Marianne, Dora und Josi, s. A.. Später dann, als meine Kinder in Israel waren, habe ich einige Freunde in der jüdischen Gemeinde gewonnen.

Viele Freundschaften sind durch glückhafte Zufälle entstanden. Meine Elvira habe ich durch den Sport in Wangen im Allgäu auf einem Sport-Seminar kennengelernt; die Freundschaft besteht noch bis heute. Brigitte, eine tolle Innenarchitektin, die für mich sogar Matzen bestellt hat, als ich sie einmal in der Pessach-Zeit besuchte. Erika gab mir Kraft in der Zeit, als ich die Pleite in Kempten hatte.

Durch meine Mitgliedschaft im Sportverein TSV-Makkabi Stuttgart entstanden Freundschaften mit verschiedenen Mitgliedern. Ich war sozial sehr engagiert. Ältere Menschen habe ich in Altersheimen, zu Hause oder in Krankenhäusern besucht. Das habe ich sehr gerne getan und damit den Menschen ein wenig Freude bereitet und mir auch. Es ist eine große Freundschaft entstanden mit Toni Issack, s. A.. Sie war eine außergewöhnliche Frau, eine richtige intelligente Lady alten Schlages. Das bekannte Pelzhaus Alexander in Stuttgart gehörte der Familie. Sie war Stuttgarterin, den Krieg hat sie in Italien mit ihrer Familie überlebt. Ich habe sie fast bis zum Tod begleitet. Auch Betty Kulb möchte ich erwähnen, ebenfalls eine gebürtige Stuttgarterin. Vor dem Krieg hatten sie eine Zigarettenfabrik, in der die sogenannten Betty Zigaretten produziert wurden. Auch Betty Kulb war eine echte Lady, die mehrere Sprachen fließend beherrschte. Als Frau Kulb im Krankenhaus in Zürich im Sterben lag, bin ich sofort zu ihr gereist und konnte sie noch einmal sehen, um mich von ihr zu verabschieden. Ihre Worte klingen mir noch im Ohr: »Merci viel Mal, Mina, dass Sie gekommen sind.« Eine Stunde danach war sie nicht mehr da. Sie hatte den Krieg in Frankreich überlebt. Es war und ist mir ein Anliegen, da zu sein, wenn Menschen mich brauchen. Ich denke darüber gar nicht erst nach, ich tue es einfach.

Ich habe das Glück, auch aus den GUS-Staaten Freunde zu haben, die zu uns gekommen sind und denen ich bei ihrem Neuanfang mit Rat und Tat unter die Arme gegriffen habe. Sie hatten vom Judentum wenig Ahnung. Manche wollten nicht einmal in die Gemeinde gehen, ich habe sie verstanden, vielleicht wäre ich auch so geworden, wenn ich in Russland geblieben wäre.

Ich bin unwahrscheinlich glücklich, dass manche von ihnen so gut Fuß gefasst haben, dass sie und ihre Kinder eine Zukunft haben. Viele kann ich bis jetzt Freunde nennen.

In dem Haus, in dem ich in der Stuttgarter Werastraße wohne, hat sich sehr viel geändert. Viele Mieter kamen und gingen. Ich habe ein sehr gutes Verhältnis zu meinen Nachbarn. Im ersten Stock des Hauses wohnten vor vielen Jahren zwei Frauen: eine von ihnen, Karin, hat geheiratet und ist ausgezogen, aber die Freundschaft mit ihr ist bis heute geblieben. Die zweite Mieterin war Anita; mit ihr verbindet mich eine Riesenfreundschaft. Ihre Fürsorge spüre ich auch, wenn sie verreist ist – sie ist ein Mensch, der niemanden im Stich lässt, auf sie ist hundertprozentiger Verlass. Während ich krank war, hatte ich eine richtige Krankenschwester – mit Herz und Gefühl. »Dein Nachbar in der Nähe ist besser als dein Bruder in der Weite« sagt eine rabbinische Weisheit und ich kann mich der nur anschließen.

Meine zweite Freundin ist Gabrisia aus Polen mit ihrem Mann Jacek. Auch auf sie kann ich mich verlassen. Zu meinen Freunden zählen mein Heinrich und meine Conni. Sie sind wie ein Fels in der Brandung für mich.

Meine Conni habe ich während des Aufbaus einer Ausstellung über jüdisches Leben in Hohenzollern in der Haigerlocher Synagoge kennengelernt. Das Haus der Geschichte Baden-Württemberg hat die Ausstellung gemacht und dort arbeitet sie. Ich habe den letzten Haigerlocher Rabbiner Spier porträtiert, der 1941 deportiert und ermordet worden war. So kamen wir ins Gespräch, trafen uns immer wieder und sind heute eng miteinander verbunden. Wir reden über Gott und die Welt. Conni liebt es, wenn ich für sie koche, genießt es, wenn sie an Feiertagen bei mir und meinen Kindern sein kann und ich freue mich, wenn sie bei mir ist. Conni arbeitete viele Jahre am Museum zur Geschichte von Christen und Juden in Laupheim und gemeinsam machten wir dort eine Ausstellung meiner Bilder, die ein großer Erfolg war. Selbst die Jüdische Allgemeine in Berlin nahm die Ausstellung zum Anlass, mich und meine Bilder vorzustellen. Einen unvergesslichen Ausflug haben wir beide nach Kattowitz gemacht, wo wir bei Gabrisia und Jacek zu Gast waren. Wir fuhren gemeinsam nach Krakau und nach Ausschwitz. Dieser Ort hat uns beiden die Sprache verschlagen hat - die Baracken und die Gasöfen, die schiere Größe des Areals, die Ausstellung mit den Koffern der Ermordeten - zu wissen, was wir hier geschehen ist, machte uns beide unendlich traurig. Gemeinsam besuchten wir das so großartig restaurierte Breslau - es war wunderschön. Conni ist mir ans Herz gewachsen. Ich bin glücklich, dass sie in meiner Nähe ist.

Auch meiner Freundin Lijane fühle ich mich sehr verbunden und ich bin stolz auf ihren Sohn Ron, der Facharzt für Plastische Chirurgie ist, denn ich bin für eine kurze Zeit seine Kindergärtnerin gewesen und finde toll, was aus ihm geworden ist. Mit Dorit verbindet mich eine jahrzehntelange Freundschaft. Wir haben uns kennengelernt, als sie mit ihrem leider bereits verstorbenen Mann Michael jung verheiratet war und aus Israel nach Deutschland kam. Heute ist sie stolze Mutter dreier erwachsener Söhne und führt erfolgreich ein Reisebüro für Israelreisen in Stuttgart.

Und da ist natürlich auch Jola, die in Zürich lebt. Mit ihr habe ich viele Reisen nach Israel und Polen unternommen. Ich möchte sie nicht missen. Sie ist meine Klagemauer. Mit ihr kann ich heftig diskutieren, ohne dass unsere Freundschaft Schaden nimmt. Eine enge Freundschaft verband mich mit Avraham und seinem außergewöhnlichen Vater. Ich war sehr froh, als er eine Familie gründete und einen prachtvollen Sohn Efraim bekam. Leider – durch verschiedene Missstände – sehen wir uns nicht mehr.

Regelmäßig treffe ich mich bis heute mit den Frauen meines Stammtisches, den „Wassernymphen", im La Gondola in Esslingen. Wir lassen uns die kulinarischen Köstlichkeiten schmecken und tratschen über Gott und die Welt. Auch allen, die ich nicht erwähnt habe, danke ich von ganzem Herzen für ihre Freundschaft.

In Stuttgart kennen die beiden alle: Inge und Mordechai Tenné s. A.. Wir haben in der jüdischen Gemeinde viele Feste gemeinsam gefeiert und auch bei mir zu Hause waren die beiden häufig zu Gast. Ihr Sohn war eines meiner Kindergartenkinder. Mordechai Tenné s. A. gehörte zu den wichtigsten Persönlichkeiten in unserer Gemeinde. Er brachte viel auf den Weg und engagierte sich immer im interreligiösen Dialog. Ich schätzte diesen intelligenten und noblen Mann sehr. Er hat mich in meinem Schaffen als Künstlerin immer bestärkt und auf seine Weise gefördert. Als Mitbegründer des Hauses Abraham in Stuttgart war ihm sehr daran gelegen, dass die drei großen monotheistischen Religionen in einen Dialog eintreten und sich nicht bekämpfen, sondern sich an ihre Gemeinsamkeiten erinnern. Leider verstarb Mordechai Tenné 2015 und damit ging einer der maßgeblichen Männer, die dafür gesorgt haben, dass es in Stuttgart wieder eine vitale jüdische Gemeinde gibt.

Ein anderer wichtiger Förderer jüdischen Lebens ist Karl-Hermann Blickle, unterstützt durch seine Frau Lisbeth. Kennengelernt habe ich ihn durch eine

Ausstellung in Hechingen in der ehemaligen Synagoge. Später haben wir uns immer wieder auf vielen Vorträgen und Festen getroffen. Blickles gehören zu jenen Menschen, die meine Kunst schätzen. Es wäre zu wünschen, dass es mehr Menschen wie die beiden geben würde, denn dann sähe die Welt anders aus. Ihr Engagement ist weit gefasst. Beiden ist es eine Herzensangelegenheit, dass die aus Deutschland vertriebenen Juden nicht vergessen werden, und so engagieren sie sich in vielen Erinnerungsprojekten. Doch sie sind nicht nur an der Vergangenheit, sondern auch an der Gegenwart interessiert. So waren sie auf christlicher Seite Mitbegründer des Hauses Abraham und fördern in Potsdam das Abraham Geiger Kolleg und damit die Ausbildung von Rabbinern.

Ich darf einen so wundervollen Menschen wie Arno Fern s. A. nicht unerwähnt lassen. Er war viele Jahre Geschäftsführer in der IRGW und ein Mann, der das Herz am rechten Fleck hatte und vielen Menschen nach Kräften half.

Ein Ehepaar darf an dieser Stelle nicht vergessen werden: Petra Häußer-Koch und Hans-Georg Koch. Mit Hans-Georg kam ich auf einer Veranstaltung der jüdischen Gemeinde ins Gespräch. Er arbeitete damals im Staatsministerium und interessierte sich sehr für Kunst. Petra nahm bei mir Malunterricht und zwischen uns Dreien entwickelte sich eine schöne Freundschaft. Obwohl wir uns nicht regelmäßig sahen, waren wir uns immer sehr verbunden. Häufig übernahm Petra die Vorstellung bei Vernissagen meiner Bilder und sie war es auch, die meinen ersten Katalog erstellte. Wenn ich zwei Menschen zu Dank verpflichtet bin, die, als ich noch ganz am Anfang meiner Laufbahn als Künstlerin stand, an mich geglaubt haben und mir nach Kräften unter die Arme griffen, dann diesen beiden.

In jedem Leben gibt es aber auch Menschen, mit denen man in Freundschaft verbunden war und die aus unschönen, häufig verletzenden Gründen von der Bildfläche verschwinden. Entweder sie trennen sich von einem oder man muss sich in einem nicht weniger schmerzlichen Prozess von ihnen verabschieden. Freundschaft erträgt viel. Was sie jedoch wie die Liebe nicht erträgt, sind Lüge oder Verrat. Auch ich habe das erleben müssen und es hat mich geschmerzt und in einigen Fällen tut es mir bis heute weh. Wenn ungerechtfertigte Unterstellungen von einer Freundin ausgesprochen werden, ist das Tischtuch zerschnitten.

Zusammenfassung und Epilog

Schon mehrere Jahre sind vergangen, seit ich begonnen habe, mein Leben aufzuschreiben. Meine Lektorin, meine Conni, hat für mich nicht so viel Zeit, wie meine Ungeduld es sich wünscht. Aber was lange währt, wird normalerweise gut – sagt man. Meine Lebensgeschichte habe ich zu Papier gebracht, aber damit es ein spannendes Buch wird, dazu gehört noch viel mehr. Ohne Conni und ohne Heinrich hätte ich es gar nicht gewagt, alles niederzuschreiben. Zwei Dinge konnte ich nicht allein: die Grammatik und die Geschehnisse miteinander verbinden. Für so was ist die Conni die Beste! Wer kennt mich so gut wie sie? Sie weiß sogar, was ich sagen möchte – ohne dass ich auch nur ein Wort gesagt habe. An dieser Stelle möchte ich mich bei meiner Conni herzlich bedanken! Nicht nur für das Buch, für alles.

Das bewegte Leben, das ich hatte, zwang mich meistens zu einem Spagat zwischen dem familiären und dem geschäftlichen Leben. Viel Zeit für mich und meine Interessen blieb viele Jahrzehnte nicht. Ich hätte mir das im Rückblick anders gewünscht. Umso bewusster lebe ich seit meiner Scheidung und vor allem in den letzten beiden Jahrzehnten. Ich nutze jeden Tag.

Ich bin ein Homo politicus und interessiere mich für Politik – in Deutschland und auf der ganzen Welt. Und ich kann mich kolossal über die gegenwärtige Situation auf unserer Erde erregen, weil sie mir nämlich wirklich Angst bereitet. Ich bin jetzt ja nicht mehr ganz jung und stelle mit Schrecken fest, dass die Menschheit aus der Vergangenheit offensichtlich nichts oder nicht sehr viel gelernt hat. Da ist der nie enden wollende schreckliche Krieg im Nahen Osten. Es leiden und sterben so viele Menschen, Hunderttausende müssen aus ihrer Heimat fliehen, weil sie Schutz vor Hunger und Tod suchen. Die Reaktionen hier in Deutschland auf die Flüchtlingskrise und die enormen Stimmengewinne der AfD bei den vergangenen Wahlen beunruhigen mich. Ich beobachte, dass sich ein Krisenbewusstsein, eine EU-Verdrossenheit, eine neue Welle des Nationalismus in Europa ausbreitet, dem die etablierten Parteien in allen europäischen Ländern nicht radikal entgegentreten. Ich hoffe wirklich inständig, dass wir nicht eine Rückkehr des Faschismus vor uns haben und alle Demokraten erkennen, es ist allerhöchste Zeit im Kampf für Freiheit und Demokratie etwas zu tun.

Mit Angst verfolgte ich schon die Entscheidung von Präsident Obama und seiner Partei, das Embargo über den Iran zu beenden. Ist es Dummheit oder Naivität zu glauben, der Iran habe sein Ziel, Israel zu vernichten, geändert? Ich habe Angst um Israel – wir Juden und unser Land werden von fast allen Seiten bedroht. Die weltweite Bedrohung durch die fanatischen Kämpfer des IS kann niemanden unberührt lassen. Der Konflikt zwischen Russland und der Ukraine direkt vor unsere Tür ist ungelöst. Und als ob das nicht genug wäre, weiß nach den Massenverhaftungen und dem Ende des Friedens mit den Kurden kein Mensch, wohin sich die Türkei in den nächsten Jahren bewegen wird.

Man kann sich die Welt derzeit selbst als Optimistin nicht schönreden, aber man sollte auch nicht in Pessimismus verfallen. Ich hoffe noch immer, dass sich am Ende des Tages der gesunde Menschenverstand durchsetzt. Mit Waffen und Kriegen wurden Probleme in der Geschichte nie gelöst, sondern nur neue geschaffen. Wir können die Geschichte immer und immer wieder wiederholen, aber wir können auch aus ihr lernen und für unsere Nachkommen eine Welt schaffen, in der alle Nationen und Religionen in Frieden zusammenleben.

Meine Gemälde

Bild 1 | Der Trödler

Bild 2 | Abstrakte Menschen

Bild 3 | Albert Einstein

Bild 4 | Müde beim Lernen

Bild 5 | Chuppah (Hochzeit)

Bild 7 | Meine Eltern und meine Schwester Regina

Bild 6 | Gustav Mahler

Bild 8 | Morgengebet

Bild 9 | Wasserträger

Bild 10 | Mir nahe stehende Menschen in der Stuttgarter Synagoge

Bild 11 | Am Yisrael Chai („Das jüdische Volk lebt“)

Bild 12 |
Scholem Aleichem

Bild 13 | Frau im Universum

Bild 14 | Abstrakte Menschen 2

Bild 16 | Das Mädchen an der Mauer

Bild 15 | Der Schrei

Bild 17 |
Isaac B. Singer

Bild 18 | Junge mit Ball

Bild 19 | Awremale

Bild 20 | Korbträger

Bild 21 | Selbstporträt

Bild 22 | Erleuchtung

Bild 23 | Ein Blick in die Zukunft

Bild 24 | Gelbe Rosen

Bild 25 | Mohnblumen-Feld

Meine Bilder sind Impressionen des jüdischen Lebens, gemalt aus tiefstem Empfinden heraus; sie gehören zu einer ganzen Reihe von Bildern, in denen das jüdische Alltagsleben in Osteuropa aus eigener Kindheitserinnerung festgehalten ist. Ich male klassisch-modern, dem Impressionismus zugewandt.

„Das Mädchen an der Mauer"
Das war mein erstes bedeutendes Bild, das ich schon im Jahre 1991 gemalt habe. Mein Lehrer, der Leiter der Esslinger Akademie Dieter Kast, war damals richtig begeistert gewesen. Der Drang, eine solche Gestalt zu malen, kommt aus meinem tiefsten inneren Gefühl; es ist ein Symbol: Ich sehe in diesem Mädchen – in wenigen Strichen und in einem dezenten Farbton – das ganze Leid des jüdischen Volkes. Es ist auch ein Symbol: „NIE WIEDER."

„Der Wasserträger"
Der Wasserträger kam in Osteuropa in jedes jüdische Haus. Bis heute ist er ein Symbol jüdischen Lebens, einer untergegangenen Welt. Der Wasserträger war bereits vor Sonnenaufgang unterwegs, brachte Wasser in die Haushalte und zugleich immer die neuesten Nachrichten. Auf seinen Schultern lastet symbolisch die gesamte Schwere des ostjüdischen Lebens.
Im Besitz des Museums Künzelsau.

„Frau im Universum"
Nach der Lektüre von Manfred Geier über Emanuel Kant habe ich die Welt mit seinen Augen gesehen: Ich habe sie mir in den schönsten Farben der Welt ausgemalt und wer passt in so eine wunderschöne Welt, wenn nicht die wunderschöne Ästhetik einer Frau. Das war wie eine Offenbarung: Der Pinsel hat sich fast alleine der Farben bedient. Es war wie eine Ekstase. Wenn man auf das Bild schaut, stellt man sich vor, im Universum zu sein.

„Der Trödler"
Eine emotionale Gestalt.
Er schaut mit Stolz in die Zukunft und glaubt an seine Arbeitskraft. So wie die meisten jüdischen Trödler.
Das Bild hat die Stadt Schwäbisch Gmünd erworben. Hängt im Prediger.

„Die Zeitungsverkäuferin"
Viele Juden in Osteuropa waren sehr arm. Um ihre Familien zu unterstützen, war es nicht unüblich, dass junge Mädchen, noch bevor sie zur Schule gingen, Zeitungen verkauften. Als Lohn erhielten sie dafür nicht etwa Geld, sondern Nahrungsmittel. Das Bild ist gespachtelt, um Stimmung und Atmosphäre einfangen zu können. Die Strahlen des aufgehenden Tages sind im Bild zwar sichtbar, insgesamt überwiegt jedoch die düstere Atmosphäre des Schtetls, die einer heute oft zu beobachtenden Idealisierung ostjüdischen Lebens entgegenwirken soll und auf die Schwere des Lebens verweist.
Im Besitz des Museums Künzelsau.

„Blumenbilder"
Die Blume ist ein Wunder und die Freude der Welt mit ihren Farben, den Formen und dem Duft. Einen Mangel haben sie doch: sie verwelken – meine Blumen hingegen verwelken nie. Ich schütze sie vor schlechtem Wetter – im Winter wie im Sommer. Sie strahlen und füllen den Raum mit Liebe und Wärme. Ob es mir gut oder schlecht geht: Mein Herz füllt sich mit Freude, wenn ich Blumen male. Ich fühle während des Malens ihre Zartheit und ihren Duft im Atelier.

„Abstrakte Menschen in Farbkomposition"
Das sind farbliche Gestalten; die Bilder zeigen Menschen in Erwartung und zwar in Komplementärfarben; ohne Religion, ohne Hass, Neid und Eifersucht und einfach glücklich, auf der Welt zu sein. In Farben sehen sie aus wie ein Notenblatt vor einer Musikaufführung. Ein urbanes Leben in einem Raum – durchflutet mit allen Farben der Welt.
Im Privatbesitz.

„Meine Familie"
Meine Familie in zarten Ockertönen: Ihr ganzes Leben zeichnet sich in ihren Gesichtern ab. Meine Mutter, schön wie sie war, mit traurigen Augen, aber auch zugleich mit einer klaren Hoffnung darin. Mein Vater zeigt die Zuneigung zu seinen Kindern. Trotz ihres schweren Lebens war die Liebe stets vorhanden.

Am Yisrael Chai („Das jüdische Volk lebt“)

Das Triptychon (2,60 Meter lang und 1 Meter hoch) zeigt drei Epochen des Judentums: Wie es war, wie es ist und wie es sein wird. Es ist mein Leben und das meines Volkes. Es erzählt von Leben, Liebe und Hoffnung. Es gibt wenige Nationen, die die Hoffnung, ihre Identität und ihre Religion trotz aller Verfolgung nicht aufgegeben haben. Die Musiker – das sind die Klezmer, die sich die Musik beigebracht haben, um die Seelen der armen Leute zu erfreuen und sich eine Mahlzeit zu verdienen, auch durch den jüdischen Witz. In jeder Situation auf meinen Bildern bin ich immer dabei.

„Der Schrei“

Der Schrei ist ein Bild, das entstand, als die NPD in Baden-Württemberg 14 % der Stimmen bekommen haben; das war ein Riesenschock für mich. Ich habe schon die Nazis kommen sehen. Ich bin aus dem Schlaf aufgeschreckt und habe schreckliche Szenen gesehen, nämlich dass man mich abholt und was dann mit mir geschieht; verstört und nassgeschwitzt wachte ich auf; daraufhin entstand das Bild. Wie ein Guss aus tiefstem Innern gefühlt!
Im Privatbesitz.

„Stuttgarter Synagoge“

Ich habe mir mit diesem Bild einen Kindertraum erfüllt. Es ist entstanden in Anlehnung an die Besuche der Synagoge mit meinem Vater in Polen als Kind.

Danksagung

Kein Buch entsteht ohne Hilfe. Mein herzlicher Dank gilt:

Dr. Cornelia Hecht
Wissenschaftliche Mitarbeitern im Haus der Geschichte
Baden-Württemberg für alles

Samuel Drimmer
Computerfachmann fürs Scannen der Fotos
und für jegliche Hilfe an meinem Computer

Róża Król
Leiterin der Gesellschaft der Jüdischen Kultur in Stettin,
für das historische Material zu Stettin

Ewa Mazgal Olsztyn (Allenstein)
Reporterin der Olschtyner Zeitung, für die Unterlagen
der Polnischen Armee zur Zeit des 2. Weltkrieges

Meinem Schwager Jankel s. A.
für seine Hilfe während unserer Ankunft als Flüchtlinge in Stettin

Heinrich Kohring
von der Universität Tübingen für vielfache Korrekturen

Dem Judaisten Gil Hüttenmeister
für das Korrekturlesen

Meiner Schwester Regina
für unsere gemeinsamen Familien-Erinnerungen

Ich danke Allen für ihre Freundschaft!

Fotoverzeichnis

Abbildungsverzeichnis